DE L'HONNEUR

RÉFLEXIONS D'UN PRISONNIER

PAR

HENRI SAVATIER

DOCTEUR EN DROIT

« Pulchritudo nostra
« desolata est. »
(I. MACHAB. II, 12.)

PARIS

LIBRAIRIE H. OUDIN, ÉDITEUR

17, RUE BONAPARTE, 17

(A Poitiers, 4, rue de l'Éperon)

1885

DE L'HONNEUR

POITIERS. — TYPOGRAPHIE OUDIN.

DE L'HONNEUR

RÉFLEXIONS D'UN PRISONNIER

PAR

HENRI SAVATIER
DOCTEUR EN DROIT

« Pulchritudo nostra
« desolata est. »
(I. MACHAB. II. 12.)

PARIS
LIBRAIRIE H. OUDIN, ÉDITEUR
17, RUE BONAPARTE, 17
(A Poitiers, 4, rue de l'Éperon)

1885

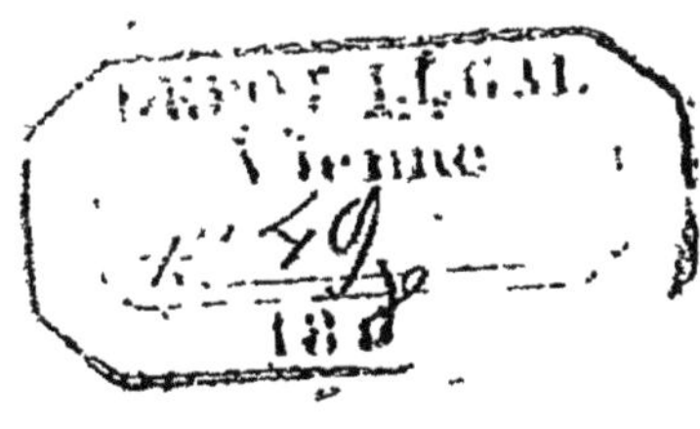

AVANT-PROPOS

J'ai intitulé ces pages : Réflexions d'un prisonnier, *car elles se rattachent étroitement au dur séjour où la pensée qui les inspire est née et a grandi. — Dans ma situation très inattendue, ce sujet de l'honneur m'avait tenté. Je résolus de le proposer aux méditations qu'il me fallait faire en compagnie des voleurs. Mon esprit y puisa le calme ; il fut élevé au-dessus des misères de l'heure présente ; il fut élevé plus haut et entraîné plus loin que je ne l'eusse d'abord prévu. L'honneur le conduisit par une ascension naturelle vers les régions supérieures du vrai absolu, du bien parfait et du beau idéal. Il se trouva ensuite que la piqûre du moment m'avait découvert une grande plaie de notre société : l'absence d'honneur.*

J'ai longtemps hésité à rendre public un ouvrage demeuré fort éloigné de la perfection que j'eusse souhaité et qui eût convenu au sujet. Je me décide aujourd'hui à le faire paraître tel qu'il est, en demandant à Dieu que ma faiblesse n'ait pas trahi la cause que je voudrais servir.

PREMIÈRE PARTIE

L'HONNEUR

I.

L'HONNEUR est la plus belle chose du monde. (1)

Autrefois je m'étais résigné à peu estimer l'honneur, le comprenant mal. La raison me paraissait trop étrangère à ses jugements. Je le voyais couronner la vertu seulement par occasion, ne pas toujours refuser la gloire au vice et entourer d'une auréole des actes condamnables. C'était une affaire de convention, et non la moindre tyrannie concédée à l'opinion des autres hommes sur nous et notre conduite.

Or, je tenais pour très assuré que la conscience passe avant l'opinion.

---

(2) Montaigne a dit : « Toute personne d'hon« neur choisit de perdre plutôt son honneur, « que de perdre sa conscience (1) ». Le paradoxe est éclatant. Comment blesser l'honneur en agissant en homme d'honneur? Apparemment l'honneur qui est blessé n'est pas le véritable.

Un soldat exprime sous une autre forme l'idée de Montaigne ; il dit (2) : « L'honnête

(1) *Essais*. L. II. Ch. XVI. De la gloire.
(2) Général Ambert. Autour de l'Eglise. — L'honneur.

« homme doué de caractère et dont le cœur « bat noblement est le seul juge de son « honneur ». Voilà qui est vrai.

Un jour que je doutais de l'honneur, j'en (3)
vins, pour sortir de difficulté, à me proposer des exemples tirés du temps présent.

J'imaginai quelqu'une de ces capitulations dont s'accommodent à merveille nos honnêtes gens. Je me mis en présence d'une action de cette nature; je la supposai conseillée par la commune prudence; allant plus loin encore, j'accumulai en sa faveur les préjugés reçus. Et je songeais au dedans de moi : quelle est cette répulsion qui monte au cœur? D'où vient l'impuissance des faux-fuyants? — Je sentirais mon honneur atteint. Pourquoi? — C'est, me dis-je, qu'après avoir fait cela, *je m'estimerais moins*.

Il y a en nous un témoignage intérieur qui ne se commande pas ; personne n'a en son pouvoir d'y échapper.

C'est quelque chose de stable dont nous ne sommes pas maîtres et qui ne se règle pas à notre fantaisie. L'honneur s'appuie sur ce terrain très ferme.

II.

L'honneur tient certainement au vrai, au (4)
bien et au beau.

Il tient au vrai. Celui-là conserve son honneur dont les convictions ne se démentent ni ne faiblissent, qui reste d'accord avec lui-même et sait s'affirmer envers et contre tous. L'homme d'honneur, c'est l'homme qui a raison.

Il tient au bien. L'estime et le respect de soi sont le prix de la vertu ; ils demeurent indissolublement liés à la pratique du devoir.

L'opinion ne conteste pas qu'au nombre des préceptes de l'honneur figurent ceux-ci : être logique avec soi-même et se respecter toujours. Néanmoins elle entend conserver sa souveraineté et rester suprême législatrice ; aussi dit-elle de l'honneur qu'il est bizarre.

Il n'est bizarre que si la conscience abdique.

---

5) Par-dessus tout, essentiellement, l'honneur tient au beau.

L'obstacle à surmonter, le sacrifice à accomplir le mettent en question.

Il lui faut la difficulté vaincue, la puissance de l'effort. Il s'adresse aux belles actions et aux grandes vertus.

Son objet, c'est le bien moral avec un degré d'excellence qui en fasse le beau moral. L'homme est saisi par son côté le plus élevé, il est dégagé de l'intérêt, animé par l'admiration.

III.

De même que le beau et le goût du beau sont choses différentes ; de même sont distincts l'honneur qui est hors de nous et celui qui est en nous. (6)

Le premier est le type idéal ; à vrai dire, il ne fait qu'un avec la *beauté morale*.

Je voudrais que l'on comprît combien l'honneur est étroitement uni à la vérité. (7) A

Aussi bien, j'observe que les hommes d'honneur et ceux encore qui se disent tels sont unanimes sur un point.

Les uns et les autres prétendent subordonner leurs actes à quelque règle supérieure dont les préceptes doivent être suivis partout et toujours, jusqu'au sacrifice entier de soi-même.

Une chose imaginaire, une invention des hommes, une conception sans réalité, mériteraient-elles tant d'abnégation?

Il faut faire un choix, et c'est tout ou rien.

Si elle n'est point une forme de la vérité absolue et souveraine, cette loi supérieure, impérieuse, inflexible, tombe à néant.

Mais comment la mettre à néant? Sa promulgation a un trop fort retentissement au fond du cœur de chacun. Notre croyance à l'honneur ne saurait être ébranlée, et l'on éprouve que c'est un vain travail de lui chercher un point d'appui en dehors de l'absolu.

Tous ne s'en rendent pas compte. (8)

Nous plaçons la règle de l'honneur tantôt ici, tantôt là. Mais notre intelligence a devant elle un idéal immuable qu'elle aperçoit en dehors et au-dessus de nous.

C'est que la vérité, une fois manifestée, exige autre chose que la spéculative contemplation de l'esprit. Il lui faut un amour plus actif. Elle se propose comme règle de conduite.

Qui élève le regard découvre en elle la source première et la raison dernière de l'ordre moral. Elle apparaît revêtue d'une nouvelle forme. Elle est la loi éternelle.

Platon fonda la science du beau, le jour (9)
où, voyant Dieu d'un côté, le monde de l'autre, il trouva dans le monde la *ressemblance divine*.

La voie qu'il ouvrit est aussi lumineuse que sublime.

Cette loi éternelle qu'il nous a été donné d'entrevoir, Dieu est son auteur ; elle subsiste en lui comme sa parfaite image, type éternel et modèle idéal de tous les êtres.

Aussi, en même temps qu'elle fait la stabilité de l'ordre moral, elle devient source de bonté et de beauté. L'observation de l'ordre donne à l'âme la plénitude de sa vie, et lui communique vraiment la ressemblance divine.

Tel est le suprême fondement de la beauté morale.

De ces transcendantes hauteurs où le vrai,
le bien et le beau apparaissent confondus,
(10) rabaissant les regards sur nous-mêmes, nous
connaissons qu'une très noble charge nous
a été imposée.

A chaque homme, dans la mesure de sa volonté, il est départi de concourir à l'exécution de la loi éternelle.

C'est pourquoi, du sein de la vérité envisagée comme règle première, origine de l'ordre, émane l'idéal infiniment élevé du devoir et de la justice.

Vers ce but toujours présent, mais qu'elle aperçoit voilé d'un nuage, la raison, unie à toutes les puissances généreuses de notre être, nous commande de tendre avec une volonté constante.

L'homme se sent appelé, suivant l'expression d'un philosophe Alexandrin (1), à sculpter sans cesse en lui sa propre statue à l'image de l'idéale beauté.

---

(1) Plotin. — Ch. Lévêque : *Science du beau*, t. I, ch. IV.

(11) A l'instant où l'absolu, dégagé de la demi-ombre qui nous le dérobe, vient donner à toutes les croyances des hommes sur l'honneur leur point d'appui, je puis répéter que l'honneur est la plus belle chose du monde.

Rien n'égale la splendeur des belles actions.

Leur beauté est incomparable, car, plus que tout autre, elle nous appartient ; elle est à nous par le concours de la volonté, ou plutôt par son combat et sa victoire. La grandeur d'âme allume en nous la guerre ; il faut triompher d'un autre nous-même qu'un mystérieux penchant entraîne vers les choses basses et viles. Mais, aussi, l'éclat de nos actions s'accroît de toute la puissance de l'effort ; elles reflètent l'idéale beauté du devoir en proportion de l'énergie dépensée par la puissance maîtresse de notre être, elles expriment le beau dans ce qu'il y a de plus humain.

Quand l'homme de bien s'élève jusqu'à l'homme d'honneur, il est juste de dire avec Cousin : qu'il est, à sa manière, le plus grand de tous les artistes (1).

Il existe, ai-je dit, un honneur d'une se- (12) B
conde espèce. On pourrait le définir : le goût du beau dans la conduite.

Celui-là est intérieur ; il serait inexplicable sans l'autre, car il manquerait d'objet. A l'apparition de la beauté morale, il prend naissance dans l'ébranlement de nos facultés de connaître et d'aimer. Sa première forme est l'admiration ; c'est dire qu'il est fait de jugement et de sentiment.

(1) *Du vrai, du beau, du bien*, 7e livre.

En même temps que la raison discerne le bien et le beau, une représentation pleine de vie, une image frappante des choses bonnes et belles se forme en nous, parle aux sens et met aux pieds de la vérité une ardeur pareille à celle des passions.

Le sentiment de l'honneur n'est pas un vain mot ; nous nous sentons atteints par la raison et par le cœur. L'homme saisit tout l'homme.

---

(13) Alors se manifeste une puissance intime ; l'idéal entrevu sollicite notre activité ; une voix s'élève dans la conscience : nous sommes maintenus dans le vrai et portés vers le bien par la seule admiration du beau.

La volonté cependant ne subit aucune contrainte, elle conserve le terrible pouvoir de choisir, elle peut imposer silence à ces nobles élans ou bien leur céder. Par elle, la force qui nous anime devient féconde, nos aspirations portent des fruits. Il lui appartient d'achever en nous l'honneur.

Cet honneur complet se traduit en vertus (14)
faites à son image, fortes et hautes comme lui.

Il met dans toute la conduite la *constans ac perpetua voluntas* des anciens. Il communique cette fermeté inflexible, pareille à la vérité dont elle marque la possession.

Mais la fermeté n'est-elle même qu'une générosité soutenue ?

La générosité, telle est véritablement la vertu de l'honneur, celle qui donne la mesure des hommes. En faire preuve, c'est révéler son âme, c'est montrer qu'on a l'intelligence des choses élevées, le cœur épris d'idéal, la volonté de se dévouer. Pour tout dire : les hommes ne valent que par leur générosité.

---

15) Il y a un ensemble de grandes pensées fixées dans l'intelligence, de sentiments généreux devenus habituels, de vertus déjà éprouvées, qui exprime le degré de beauté morale réalisé en nous sous l'effort de la volonté.

Cela s'appelle l'honneur d'un homme. C'est une noblesse qu'on a acquise et qui oblige.

Aucune règle de conduite n'est plus belle et plus sûre à la fois que le précepte du roi saint Louis : « *Aime ton honneur* ».

IV.

Puisque l'honneur a pour base la vérité, il doit peu s'accommoder du scepticisme. (16)

Que ce dernier soit son plus grand ennemi, cela ne fait pas de doute ; mais encore faut-il distinguer.

Il y a le scepticisme de dépit, et le scepticisme d'indifférence.

Une teinte de scepticisme est souvent la marque d'un grand amour naturel de la vérité. Il existe une espèce de découragement que l'âme éprouve par dépit d'ignorer et par douleur de voir le mal. Nous ne trouvons guère que les saints qui n'aient pas leurs heures de scepticisme. (17)

Je signale ici l'écueil des grandes âmes. Combien sont venues s'y heurter qui ont sombré dans le désespoir ! La cause a été dite : ce n'est pas que la vérité ait manqué d'évidence, c'est qu'elles ont manqué de courage.

Quel que soit son degré, ce scepticisme, parce qu'il demeure incomplet, n'est pas inconciliable avec l'honneur. Ceux qu'il touche détournent les yeux du vrai, mais ils en conservent trop l'amour pour ne pas être encore attirés par le beau.

---

8) Le scepticisme d'indifférence est celui du commun des hommes.

Le culte de l'idéal ne subsiste que chez un petit nombre à la perte de la vérité. Chez la plupart, les croyances une fois détruites, il ne reste que bassesse, pusillanimité et calculs d'intérêt ; il n'y a plus de ressort qui porte le cœur de l'homme en haut.

Sans doute, un certain sentiment de l'honneur est trop dans la nature humaine pour se laisser entièrement étouffer; mais, privé d'appui, il ne saurait avoir raison de l'instinct d'en bas. La réflexion lui devient funeste. Chaque fois qu'il demande générosité ou fermeté, quelque chose qui coûte, la voix de l'intérêt prononce froidement son *pourquoi : — pourquoi* sans réponse et qui demeure triomphant si la volonté refuse un acte de foi. Il n'y a de durable que le courage croyant.

Au reste, se dégager de la vérité ne mène pas à la logique. On renonce à expliquer l'homme, ses contradictions, les deux tendances qui se le disputent. Bon gré, mal gré, on retrouve cela sur le chemin de la vie ; les problèmes sont posés sous leur forme pratique ; il faut donner une solution, et l'on a pour principe : qu'on n'en peut pas donner.

Le propre du scepticisme d'indifférence est de s'abandonner au courant des opinions reçues, et d'établir sur ce terrain mouvant une ligne de conduite assez d'accord avec l'intérêt, qui règle tout jusqu'à l'honneur. Chose étrange, ce scepticisme a une propension à prendre des allures savantes, il prétend envisager toute chose par le côté positif. Quoi qu'il fasse, à moins d'être assez positif pour sacrifier au Dieu inconnu, il est forcément stérile dans la sphère du beau.

Les grandes actions ne vont jamais qu'à la suite des idées élevées, et le scepticisme sans amour du vrai est inconciliable avec l'honneur.

V.

L'honneur a deux juges inégaux en autorité : la conscience et l'opinion. (19)

On ne veut pas être persuadé que la conscience est le tribunal souverain dont relève notre conduite entière. (20) A

La raison y siège, devenue le juge intérieur chargé de prononcer sur la valeur morale de nos actes la décision qui oblige, juge moins faillible qu'on ne veut bien le dire et le plus inexorable de tous. La conscience n'est pas la loi, elle ne la fait pas non plus ; la loi est en dehors d'elle, au-dessus d'elle. Mais, qu'on cherche bien, on la retrouvera toujours, nous tenant sous le coup de sa juridiction et nous faisant l'application de la loi.

En toute cause, la conscience prononce la dernière et doit être obéie. La docilité à la suivre nous jugera.

---

(21) Ai-je besoin de nommer cette loi placée au-dessus de la conscience et d'où procèdent encore toutes les autres lois qui pourraient la lier? La conscience est l'interprète de la *vérité;* interprète placé en nous, parlant pour nous, donnant sa règle à notre conduite.

Quiconque s'interroge ne conçoit rien de plus ferme, car la loi morale est indépendante de nous, et la conscience n'est pas libre. Ses décisions ont une force qui résiste, nous ne les changeons pas à notre gré. Notre volonté ne saurait faire mentir notre conscience ; entre elles la lutte ne se fait pas de face, mais par les moyens détournés et comme par ruse. Pour décider contre notre juge, il faut ou l'empêcher de parler, ou ne pas l'écouter, ou bien encore contester l'autorité de son témoignage. Mais douter de la conscience n'est jamais qu'une faiblesse de la volonté.

Etablie juge de notre conduite au nom de (22)
la vérité source du beau ainsi que du bien, la conscience est en honneur l'arbitre suprême. C'est elle qui fait de lui un guide sûr et fidèle ; elle est la voix intérieure qui domine les bruits du dehors et le préserve de s'égarer.

Quand il s'agit d'honneur, la conscience revêt une forme très haute : elle recherche et connaît le bien en raison de sa beauté. Et comme elle devient plus exigeante, elle est plus puissamment aidée. Car l'honneur participe au sens moral, il l'épure et l'exalte; il en fait un instinct des choses élevées. Nous le retrouvons ici, à la fois, jugement et sentiment.

---

(23) La difficulté même qu'il y a à ne jamais s'écarter de la conscience crée entre elle et l'honneur un lien étroit de réciprocité. La conscience juge l'honneur, et l'honneur excite à suivre la conscience. Il inspire l'amour-propre de se soumettre d'autant mieux à la loi du devoir qu'on y est moins forcé par une contrainte extérieure : nous affirmons ainsi une obligation immatérielle qui ennoblit. La perfection de l'honneur exige qu'on suive la conscience toujours, partout,

quand même ; à ce prix est l'entier accomplissement de son premier précepte dont voici l'indiscutable formule : *agir de façon à demeurer constamment en sa propre estime.*

L'homme d'honneur sera l'homme à la conscience droite et à la volonté inflexible, l'homme logique avec lui-même, fidèle à ses principes, préférant sa propre estime à celle du monde entier, l'homme inébranlable qui triomphe par sa généreuse fermeté.

Le juge que nous portons en nous est la (24)
sauvegarde contre un péril de l'honneur.

Il empêche que le respect de soi ne tourne en infatuation de soi. Il nous impose la connaissance de nous-mêmes.

Le mystère de la nature humaine est la contrariété qui la pénètre. Il paraît superflu de venir, après Pascal, constater ce mélange inexplicable de grandeur et de bassesse. Qui s'est une fois sondé en toute franchise a connu l'indignité de son néant et senti de quoi il est capable sans le secours d'une puissance supérieure.

Le courage n'est pas de trop pour laisser notre raison nous avouer ce que nous sommes. Cela est d'un homme d'honneur et ne se fait pas sans un grand et noble effort de volonté. La première belle action, non pas la plus facile ni la moins honorable, consiste à se juger à sa valeur. Par une nouvelle contradiction, on est en droit de s'estimer pour être parvenu à se mépriser.

---

(25) Quand on parle de suivre la conscience, il faut éviter une équivoque.

On a, de nos jours, singulièrement rétréci

ce mot, *conscience ;* on exprime par là une sorte de minimum d'obligations morales, difficile à fixer, facile à reculer, au-dessous duquel on cesse d'être honnête homme. N'avoir rien fait contre la conscience, est devenu une excuse servant à commettre toutes les vilenies.

Je ne saurais dire jusqu'à quel point il peut être conforme à la conscience d'en rechercher toujours les limites ; à coup sûr, cela est le contraire de l'honneur.

D'ailleurs, il importe de rétablir les faits. La conscience n'est pas uniquement destinée à marquer la mesure extrême qu'il est défendu d'outrepasser. Sa mission est beaucoup plus haute, elle s'étend à la plénitude du devoir. Et, comme la loi morale comporte un idéal sans limites, de ce côté la conscience n'en rencontre d'autres que la faiblesse humaine. Elle dirige notre conduite, en nous invitant sans cesse à la rapprocher davantage d'un type de perfection suprême ; elle guide les vertus capables d'y atteindre jusqu'à ces grands sommets de l'héroïsme et de la sainteté qui sont à l'honneur ce que le sublime est au beau.

---

(26) A I. Malgré la supériorité du jugement de la conscience, l'opinion n'est pas chose méprisable ou indifférente en honneur.

Nous nous retrouvons en effet nous-mêmes dans les autres et avec moins de condescendance envers nos propres faiblesses.

Être avantageusement placé dans la raison de l'homme, c'est, a dit Pascal (1), la plus belle place du monde. Bien que l'honneur soit fort distinct de la réputation, à

(1) *Pensées.* — Grandeur de l'homme.

moins de se mentir à soi-même, on ne fait pas fi de l'estime et de l'admiration publiques : ce sont des biens si doux à posséder et si cruels à perdre !

Puis notre conscience a trop besoin d'être éclairée pour se fermer aux enseignements du dehors.

Elle écoute ce que pensent les gens de bien, elle ne dédaigne pas d'entendre la voix de la foule, car la même lumière luit sur toutes les intelligences, une même vérité leur parle.

Mais qu'est-ce que l'opinion ? (27)

Sous ce nom indécis et flottant, la coutume s'est établie de désigner les jugements émis par la majorité des hommes qui nous entourent. Il est remarquable que l'on ait précisément choisi un mot qui, dans nos jugements particuliers, exprime l'incertitude et ne s'applique qu'à un avis reçu à la hâte ou à la légère, sur les apparences, sans pénétrer au dedans.

La coutume a eu raison, telle est la façon ordinaire de juger à la plupart des hommes. Le très petit nombre seulement est habituellement capable de réflexion. L'opinion, qui est l'avis de la majorité, n'est jamais réfléchie; c'est là son caractère le plus essentiel. Variable et changeante comme elle est, il s'en faut qu'elle mérite d'être appelée la conscience de tout le monde.

---

(28) Cependant, il est très vrai que les suffrages de l'opinion sont un tribut naturellement dû à l'honneur.

Celui-ci exprime le beau, et le propre du

beau est de briller, de s'imposer sans qu'il soit besoin de réflexion.

Voyons les choses telles qu'elles se passent.

En face d'une belle action prise sur le fait, il est rare que l'opinion fasse fausse route, qu'elle refuse, dans le premier instant, son tribut d'admiration. Si elle n'est fortement prévenue par quelque passion ou quelque idée fausse, elle s'avoue conquise, il lui est impossible de se soustraire à l'éclat du vrai et du bien.

Voilà pourquoi l'homme d'honneur ne méprise pas l'opinion. Si elle l'abandonne, il ne prétend point se séparer d'elle sans un déchirement. Néanmoins, il la brave aussi souvent que la conscience le demande ; car l'opinion est faite pour suivre et approuver, tout au plus peut-elle conseiller, jamais il ne lui appartient de diriger, ni de contrôler.

---

9) Très souvent, les foules, les hommes du peuple, lorsque le peuple n'est pas dépravé, savent à merveille reconnaître les actions où brille l'honneur.

Sentir le beau, l'admirer, est, avant tout, affaire d'impression et d'intuition ; l'essentiel est de n'avoir point le cœur vicieux, ni surtout l'esprit faussé par les préjugés.

On a toujours fait cas de l'opinion des femmes en matière d'honneur ; c'est avec raison.

Si l'on excepte un petit nombre d'hommes de haute intelligence, on trouve chez elles une vraie supériorité pour discerner les belles actions et les apprécier.

Beaucoup d'hommes ont tellement pris l'habitude de s'enfermer dans les idées reçues et de tout subordonner à une ambition mesquine ou à un intérêt vulgaire, qu'ils sont plus effrayés qu'enthousiasmés par les résolutions généreuses et les actes de courage. Ils se sont fait comme une seconde nature en mettant en pratique le mot de Talleyrand : Défiez-vous du premier mouvement, c'est le bon.

Ce n'est pas que l'opinion de ces hommes soit davantage une opinion réfléchie. La différence est seulement qu'ils pensent et se conduisent d'après certains préjugés étroits qui ont fini par dominer leur esprit et qu'ils appliquent brutalement.

L'opinion est autrement menteuse et in- (30)
tolérante lorsqu'elle promulgue des règles
que lorsqu'elle juge des actes. Elle a un
penchant irrésistible à supplanter la vérité
et à métamorphoser en dogmes ses préceptes

les plus arbitraires. Elle s'attribue le pouvoir de donner à nos actions leur justice et de les rendre dignes de louanges.

Au premier abord, il paraît inconcevable que nous endurions de si bon cœur la suprématie de l'opinion. Quel est ce droit des autres hommes à édicter les règles de notre conduite ? Ils ne prétendent même pas parler au nom de la vérité ; et d'ailleurs leur opinion, fût-elle réfléchie, ne nous donnerait jamais la vérité que de seconde main. Où donc est la raison de détrôner notre conscience ?

La toute-puissance de l'opinion vient du scepticisme. Celui-ci triomphe lorsque la souveraineté de cette reine du monde n'est plus contestée.

Même après avoir douté qu'il y ait une vérité, le besoin de placer quelques principes devant nos jugements demeure. A défaut-de l'absolu qui est rejeté, la convention en fait les frais : on estime solide ce sur quoi la majorité est d'accord.

Presque toujours, cette opinion qui nous fait la loi a les caractères d'un compromis. En cela, elle reflète avec fidélité les sentiments du plus grand nombre. Jamais elle n'est tout à fait le bien, rarement elle est tout à fait le mal. La tyrannie qu'elle tend à établir est celle de la médiocrité.

Voilà où l'on va chercher un législateur (31)
suprême à l'honneur. On met au suffrage les principes du beau.

Et pourtant, il est bien impossible de ne point le sentir, rien n'est au-dessus de nous comme le beau et l'honneur ; ces grandes choses échappent à nos règlements, l'immuable vérité apparaît en elles, leur base est assez forte pour qu'on s'appuie sur elle seule.

L'impossibilité de l'entreprise est apparemment la cause de cet acharnement à soumettre le plus à la convention ce qui est le moins affaire de convention. Le vulgaire, c'est-à-dire la majorité dans toute société ou classe d'hommes, fabrique avec ardeur des lois qui abaissent à son niveau cette source la plus haute de distinction humaine.

A quoi aboutit ce travail, et que voyons-nous ? Des idoles forgées à plaisir, des préjugés bizarres et funestes. Dans le code de l'opinion, l'honneur est toujours altéré et souvent falsifié. Les idées qui ont de la grandeur y reçoivent une expression amoindrie ; on y trouve des règles absurdes, tyranniques, aux conséquences odieuses ou ridicules, des préceptes contraires à la religion et à la morale ; enfin, pour faciliter l'accès de l'île escarpée et sans bords, un choix raisonnable de principes pleins d'accommodements. Cela fait un honneur quelquefois peu honorable.

Il est beau de renier le culte de ces faux dieux, de briser les idoles. Ceux-là seulement sont atteints par leurs débris qui ont en elles quelque croyance.

L'honneur fermement attaché à la vérité se met impunément au-dessus des conventions humaines ; il est toujours l'honneur.

II. Au demeurant, l'opinion reste la grande (32)
ennemie de l'honneur.

Tout ce qu'une raison droite peut trouver à reprendre dans ce fier sentiment et cette notion sublime, il faut le lui imputer.

---

(33) Même lorsqu'elle n'excède pas sa compétence et qu'elle se borne à distribuer la gloire aux nobles actions, trop souvent l'opinion paye tribut à l'erreur.

Elle est incapable de réfléchir ou de distinguer. Là est toute sa valeur et aussi son irrémédiable faiblesse. Elle résiste mal à une vérité éclatante, elle est conquise par le beau; mais elle ne sait pas démêler l'alliage du vrai et du faux, une apparence lui suffit.

Le mélange du mal avec le bien est la condition des choses humaines. Les plus belles actions ont leurs petitesses, celles-là mêmes où la laideur domine ont parfois leurs beaux côtés. Des vertus, non les moins brillantes, se rencontrent chez le vicieux jusque dans la manière dont il se livre au vice. Une certaine façon de commettre le mal n'est pas sans grandeur. Celle-ci, mise en relief, emporte les suffrages, une auréole vient entourer le vice et le crime, la gloire ne leur est pas mesurée, on leur trouve de l'honneur. L'opinion tresse d'autant plus volontiers des couronnes que ses secrets instincts conspirent à grandir le triomphe.

Un coup mortel est porté à l'honneur, (34)
quand l'opinion en vient à conduire au lieu de suivre.

Le règne de l'opinion publique se fonde par l'usurpation des droits de la vérité. C'est un tyran qui gouverne le monde sur le trône du maître légitime; aucun n'est à la fois plus haïssable pour son intolérance, plus méprisable pour sa souplesse et sa sottise.

Cependant, des hommes qui parlent de leur raison, de leur indépendance, subissent le joug et choisissent cette servitude. Leur scepticisme les y pousse fatalement. Un tel renversement suit la première négation de la vérité, qu'ils sont conduits par un effet de la réflexion à suivre ce qui est le plus dénué de réflexion. Le besoin impérieux de règles et de principes quelconques les réduit à cette extrémité.

L'honneur ne reconnaît pas le nouveau pouvoir, il reste du parti de la vérité. Subir la loi du vainqueur serait abdiquer son essence. Il est la splendeur du vrai sous sa forme la plus haute, ses principes sont immuables, son fondement est divin. L'opinion ne s'accommode pas d'idées semblables : à la beauté morale, elle prétend substituer une création humaine, un honneur de convention. Partout, c'est le relatif prenant la place de l'absolu. Les hommes veulent qu'il n'y ait plus rien à l'abri du caprice, ni l'honneur, ni leur honneur. Ils rejettent la croyance à cette beauté de l'âme réalisée sous l'effort de la volonté, et que nulle puissance au monde ne saurait nous ravir. Tous leurs soucis se tournent vers une sorte de réputation extérieure qui n'a point de racines dans l'estime de soi. Dieu sait si elle en a davantage dans celles des autres! On éprouve vite combien sont fragiles ces biens que nous forgeons. L'opinion d'ailleurs en convient; suivant elle, ce qui touche à l'honneur est bizarre et capricieux, elle devrait dire : rebelle aux conventions.

Malgré l'envahissement du scepticisme, l'humanité encore séduite par la beauté de l'honneur se débat pour le conserver; elle veut faire de lui sa chose, mais elle le dénature, elle déplace sa base, elle l'asservit à l'opinion, et ce n'est plus l'honneur.

---

(35) III. Existe-t-il un faux honneur ?

Non, en un sens, car tout ce qu'il y a d'honneur dans cet honneur-là est vrai. L'éclat dont nous parons faussement le mal est emprunté.

Néanmoins, comme la négation de la vérité ne va pas sans un essai de contrefaçon, il y a toute une conception d'un faux honneur.

Conception follement orgueilleuse et qui mène à l'avilissement.

Son point de départ est celui-ci : *il n'y a que l'homme*. L'honneur consiste à ne se départir jamais de ce premier principe. La règle de l'honneur, si c'est une règle, est encore la conscience, mais une conscience indépendante de la vérité et se suffisant à elle-même.

En effet, ce qu'on peut rêver de plus fort,

de plus grand, est de se placer ainsi, soi, en toute circonstance au-dessus de tout. C'est un rayon de gloire divine que l'homme s'attribue en propre. Tentative sacrilège d'une usurpation impossible. Cette indépendance absolue ne nous appartient pas; mais on s'en approche quand on se tient toujours fermement attaché à la vérité, et l'on s'en éloigne au contraire quand on s'appuie sur soi seul.

L'homme déifié, c'est bientôt l'homme esclave.

La réalité s'impose, nous nous sentons aux prises avec d'étroites dépendances, et le point d'appui manque pour nous relever. Tandis que se resserrent nos attaches vers ces choses d'en bas qui ont une existence palpable, notre intelligence cherche partout son objet. Elle ne s'accoutume pas à être source de vérité; il lui faut de nécessité pratique, pour décider et se conduire, un principe et des règles extérieures. Afin de nous contredire le moins possible, au-dessus de l'homme nous mettons l'humanité. Celle-ci sera le principe, le plus grand nombre donnera la règle, fera la loi. Pour avoir voulu s'affranchir de l'autorité légitime, on tombe dans la servitude, et l'on est sans force contre le tyran. C'est le règne du convenu, de l'artificiel, de l'opinion. C'est la mort de l'honneur.

VI.

L'amour dont on aime l'honneur n'est pas (36)
du raisonnement, mais du culte. Amour d'intuition, respectueux et passionné. Il élève au-dessus de soi, il tue l'égoïsme, il met dans le sacrifice un indicible attrait. Il est l'inspirateur des grandes actions, il donne la noblesse, il fait notre vraie gloire.

Ce culte est celui des hommes épris de l'idéal, qui ont senti en eux le ressort vers les choses d'en haut.

Les uns le suivent et savent remonter à sa source : la vérité. Ils ont les yeux attachés sur la loi éternelle. Ce sont les hommes justes jusqu'à l'héroïsme.

Les autres, faute d'élever le regard, ne découvrent pas le véritable objet qui les charme. Ils voient la lumière sans distinguer le foyer. Mais ils croient en cette lumière ; la vertu les attire par son éclat, le sacrifice par sa grandeur. Eux aussi sont des hommes de foi, puisqu'ils ont un culte. Ils sont sur le chemin de la vérité.

---

(37) Le scepticisme qui vient sans peine à bout d'un raisonnement est moins fort contre un culte. La vision de l'intelligence unie à l'attachement du cœur sont malaisés à détruire.

Voilà qui sauve l'honneur. On aperçoit et l'on sent si bien que, l'honneur supprimé, c'est un souffle divin qui se retire du monde, c'est la vie humaine déflorée !

A cause de ses profondes racines, ce culte de l'honneur, encore qu'il s'affaiblisse à mesure que l'erreur gagne, se maintient longtemps comme un souvenir et une espérance.

Il demeure toujours salutaire.

Il replace sous l'empire de la morale par le vif sentiment qu'il donne de ce qui est ou n'est pas une belle action.

Tel qu'il devrait être, il conserverait l'intégrité parfaite des mœurs. Tel qu'il est, même encombré de faux préjugés, il en arrête du moins la dégradation.

---

(38) Le culte de l'honneur est la contradiction du faux honneur par cela seul qu'il est un culte, car il s'incline devant le surhumain et place l'honneur au-dessus de nous.

A tous ceux qu'il séduit, il demande pour gage un peu d'indépendance en face des hommes. Il inspire l'horreur du faux et du convenu. On lui reste fidèle, à la condition de le préférer à l'opinion.

Grâce à leur franchise naturelle, les esprits sincères le suivent jusque dans leurs illusions. Ils donnent à celles-ci comme une certaine vérité par la croyance qu'ils ont en elles. Ils décorent des conventions arbitraires et vides de tout l'idéal qu'ils portent en eux-mêmes; leur foi communique sa fécondité et sa beauté.

Tout acte accompli dans un but désintéressé, pour un motif d'ordre immatériel, pour une croyance, tient à l'honneur. Il rend hommage à l'existence de la vérité et obtient en retour sa part de beauté.

L'honneur est éminemment croyant et spiritualiste.

Ceux que le doute a vaincus et qui néanmoins conservent, avec le goût du beau, l'amour des nobles choses, gardent l'honneur au prix d'une inconséquence : il faut qu'ils se prosternent. — Ils dressent un autel au Dieu inconnu. C'est le vrai Dieu qu'ils adorent.

DEUXIÈME PARTIE

L'HONNEUR DE CE TEMPS-CI

L'honneur brille à l'esprit d'une si écla- (39)
tante beauté, il séduit si fort, que tous le revendiquent, et que jamais les hommes ne conviennent l'avoir perdu. Ils acceptent qu'on leur dise : Vous n'avez plus la vérité ; ils s'offensent si l'on ajoute : Vous n'avez plus d'honneur.

En ce sens, Alfred de Vigny a pu dire avec quelque apparence : « Cette foi qui me

« semble rester à tous encore.... est celle « de l'honneur ».

Il ajoute : « Je ne vois point qu'elle se soit « affaiblie et qu'on l'ait usée » (1).

Ces paroles furent écrites vers le milieu du siècle. Étaient-elles vraies alors ? Le sont-elles maintenant ?

---

(40) Mon intention est de considérer sous un seul aspect la société où nous vivons ; de chercher son honneur et de la juger par là.

J'ai la croyance très profonde que l'empire exercé par cette conception sublime de l'honneur donne le niveau intellectuel et la valeur morale d'une époque ; j'y vois la pierre de touche dont l'épreuve est la plus saisissante et la plus accessible à tous. Le

(1) *Servitude et grandeur militaires.*

jugement du beau est celui qui trompe le moins, dont nous sommes le moins maîtres; il nous découvre le vrai et le bien sous la forme qui les rend le plus faciles à reconnaître et le plus difficiles à nier. Dans le domaine moral, prendre l'honneur pour base de sa critique, revient à ne jamais quitter le point de vue du beau.

A travers le monde actuel des relations humaines, j'entreprends de découvrir quelques reflets de l'immatérielle beauté et d'en mesurer l'éclat.

Je veux que l'on sache si nous pouvons dire de notre temps que c'est une époque d'honneur; de nos idées, qu'elles sont élevées; de la société moderne, que son organisation est grande et glorieuse; des hommes d'à présent, qu'ils ont du caractère; de notre France, qu'elle est fidèle au vieil honneur.

CHAPITRE Ier.

LES IDÉES.

(41) Ce qui fait l'honneur, c'est l'idéal.

Or, il y a la connaissance de l'idéal par notre intelligence et sa reproduction dans notre vie.

Et comme c'est la vérité absolue qui fait l'idéal, la sagesse tout entière correspond là. L'une de ses branches, la spéculative, apprend à connaître; l'autre, la morale, à reproduire. La première donne les principes de la philosophie; la seconde, les règles de la conduite.

Le monde est trop vieux pour qu'une façon de penser complètement neuve, ou seulement tout à fait inédite, puisse voir le jour. Cependant notre époque a, à elle appartenant, deux systèmes. Auparavant, il existait bien de ceux-ci quelques traces ; mais elle peut s'attribuer sur eux un titre légitime, pour les avoir formulés et pour les pratiquer.

De ces deux systèmes, l'un est spéculatif, c'est le positivisme; l'autre est moral, c'est le libéralisme.

---

§ I. *Le positivisme.*

L'âge où nous sommes n'est pas celui de (42)
la philosophie.

Sans être un observateur très profond, il est facile d'apercevoir combien on est éloigné, aujourd'hui, des spéculations philosophiques, combien on les a en horreur. Non seulement on les fuit, mais on s'ingénie à déprécier leur importance, on affecte de les reléguer parmi les affaires dénuées d'intérêt Avant tout, on prétend ne pas s'embarrasser de pareils soucis dans la pratique de l'existence. La philosophie est tombée dans le dernier discrédit.

Ceux mêmes, en petit nombre, qui paraissent tenir pour elle avouent son impuissance. Sur les questions qu'elle agite, l'état d'esprit préféré est une sorte de demi-incertitude. On a de l'affection pour le vague. L'effort des controverses se déploie contre les premiers principes et les fondements de l'ancienne sagesse. Heureux quand on veut bien considérer comme des problèmes dignes de recherches si la connaissance a une valeur et s'il y a une vérité.

---

(43) Bon gré, malgré, chaque homme a sa philosophie qui le gouverne. La nécessité fait

que nos jugements et notre conduite relèvent d'un petit nombre de principes généraux admis peut-être inconsciemment et non sans incohérence, mais admis. Au fond, l'histoire des idées est la même que celle des mœurs. Celle-ci est mise par celle-là en pleine lumière.

Rien n'est plus instructif que cette histoire. (44)
Elle montre la raison humaine dans une lutte incessante à la poursuite de la vérité, lutte mêlée de succès et de revers, d'ardeurs et de découragements. Notre esprit semble avoir reçu, avec la facilité naturelle d'entrevoir la vérité, l'impuissance naturelle de la bien distinguer.

Il y a un éclectisme de bon aloi auquel il faut souscrire. Il constate, ce dont, avec Victor

Cousin, nous sommes bien aise, que « tous les systèmes ne sont pas entièrement absurdes » (1). Il nous représente la philosophie comme *vivante* (2), vivante d'une vie d'autant plus intense qu'elle possède davantage la vérité.

Cette vérité, absolument une en Dieu, se cache sous la multiplicité des œuvres divines. C'est par celles-ci que nous la connaissons. Elle nous apparaît à travers des voiles qu'il faudrait soulever. Entre elle et nous, l'intermédiaire est un monde d'images, de symboles, d'apparences. Nous ne la voyons jamais telle qu'elle est.

Néanmoins, il existe une première vue de la vérité, vue réelle, bien que voilée, à laquelle les hommes ne sauraient se soustraire, autrement que par perversion. Tous peuvent, sans lon-

(1) *Du Vrai, du beau et du bien.* 17e leçon.
(2) Ibid.

gues recherches et avec assurance, dire : Il y a une vérité.

De là, à sa parfaite connaissance, la distance est infinie. Entre le point de départ et le but, le champ est ouvert aux efforts de l'esprit humain. Le progrès en philosophie consiste à acquérir une vue toujours plus claire de la vérité.

Depuis longtemps, la philosophie dominante est hors du progrès. Peu à peu, elle a vu diminuer en elle cette vie de la vérité qui datait de l'antiquité et que le christianisme avait si fort accrue. Tout d'abord, elle a rejeté le patrimoine des siècles et acclamé l'hypothèse pleine d'équivoques d'un doute universel et fondamental où le découragement et le manque de foi dans la lumière du vrai paraissent avoir une part trop grande. Puis, à force de complaisance coupable envers ce doute, elle s'est trouvée, impuissante à s'élever au-dessus de l'homme et de ce qu'il sent. La décadence est devenue complète, le changement radical, la lutte à la poursuite de la vérité a définitivement abouti au désespoir. On a repoussé l'absolu pour se réfugier dans le subjectif; à la base de tous les raisonnements, on a mis le doute insurmontable qu'il y ait une vérité.

Ainsi, la philosophie était tombée au-dessous de son point de départ; mais, par une tendance dont elle ne se rendait pas compte, elle retournait sans cesse son scepticisme et, sous des noms divers, elle essayait de le concilier avec les aspirations de la raison; elle se consumait en tentatives de relèvement.

Il était réservé aux esprits de nos jours de la faire descendre encore plus bas.

Pascal a écrit cette pensée : « Nous avons « une impuissance de prouver invincible à « tout le dogmatisme. (45)

« Nous avons une idée de vérité invinci- « ble à tout le pyrrhonisme » (1).

La première partie revient à constater l'impossibilité d'arriver à la parfaite connaissance du vrai absolu dans son essence. Cela existe même en géométrie. N'était le risque d'un malentendu, il faudrait dire que les hommes ne savent jamais au juste sur quoi ils raisonnent ; on le voit bien, lorsqu'on va aux définitions. La conséquence est en effet un insurmontable obstacle à prouver d'une façon qui nous satisfasse entièrement. La vérité reste environnée de nuages. Son obscurcissement prête à des dogmatismes divers, parmi lesquels un seul

(1) *Pensées.*—Grandeur et misère de l'homme, LX.

est vrai, encore que beaucoup puissent avoir une part de vérité.

L'autre réflexion qui complète la pensée de Pascal a, de ce temps-ci, une portée frappante.

Cette idée invincible de vérité, chacun en connaît l'existence au fond de soi-même. Elle fera toujours la faiblesse du scepticisme. Elle nous possède malgré nous ; elle poursuit, elle obsède dès qu'on prétend la quitter; elle est indestructible comme la voix de la conscience, comme la source propre du remords. Elle fait douter du doute, elle ramène à la foi par les élans du désespoir.

---

(46) Voilà précisément ce qui restait à supprimer. Il fallait se défaire de ces dernières aspirations de l'âme vers le vrai.

Notre siècle a produit une philosophie

qui refuse de les entendre, une philosophie qui a pris son parti de ne plus chercher la vérité, de ne plus aimer la sagesse : c'est le positivisme.

Cette désignation convient assez bien à un système où il n'est plus jamais question d'absolu, où l'on se défend de rien connaître, hormis les phénomènes apparents et les résultats pratiques ; système très négatif en ce qu'il ne consent pas à voir au delà de ce qui paraît, mais très positif aussi en ce qu'il ne sort pas du tangible, du visible, de l'expérience et de la pratique.

Une pareille doctrine est un scepticisme à la fois résigné aux pertes qu'il s'est infligées et satisfait de ce qui lui reste. Elle ressemble au matérialisme, puisqu'elle borne notre savoir à ce qui tombe sous l'expérience, mais elle est encore à un degré au-dessous, car son principe lui défend toute recherche d'essence même vis-à-vis de la matière.

Avec cela, sa prétention est d'avoir pour elle le monopole de la science. Elle a grand soin, d'ailleurs, de limiter celle-ci à un ensemble de connaissances où n'interviendraient que l'expérimentation matérielle et la vérification palpable. Son dernier mot et sa suprême perfection consistent à revêtir d'une forme scientifique le plus complet scepticisme d'indifférence.

---

(47) Telle est, aujourd'hui, la philosophie dominante. Et ce n'est point là une assertion outrée. Cette démission presque générale de l'esprit humain que je signalais dès le début, qui est un fait constant, est du parfait positivisme. Pour beaucoup, celui-ci se résume en cette seule affirmation : qu'ils n'ont

pas de philosophie du tout. Semblable aveu est fréquent et ne paraît guère coûter. On ne croit plus à la vérité, mais encore on ne veut plus s'inquiéter de pareille chose. On entend, sur ces sortes de questions, rester tout à fait neutre. C'est le cas de répéter, en la modifiant un peu, une phrase de Pascal : « Qui pensera demeurer neutre sera positiviste par excellence ».

La philosophie positive inspire toutes les idées à l'ordre du jour : l'engouement pour la science, l'aversion pour les dogmes, l'éloignement des croyances. Son principe : bannir l'absolu, a plus ou moins touché l'immense majorité des esprits. Un indice aussi certain qu'effrayant est cette tendance de notre société moderne à ne plus supporter qu'on lui vienne parler de Dieu et des choses divines.

(48) Il faut maintenant mesurer l'étendue du désastre.

C'en est fait de toute beauté.

Une fois écarté cet invisible absolu, l'idéal n'est plus qu'un mot vide de sens.

C'est là, dans l'ordre pratique, le point faible du positivisme. En s'y rangeant, les hommes ont cédé à un besoin de paix et de jouissances ; voici qu'ils aperçoivent que seul l'objet de leur tourment et de leurs inquiétudes embellissait la vie. Celle-ci est mortellement froide, s'ils ne l'échauffent à quelque rayon de vérité.

Beaucoup rétabliraient les croyances rien que pour l'émotion esthétique. Un certain positivisme bien entendu n'y répugne pas. La considération des résultats l'amène à conseiller à chacun des croyances selon son goût. Tout se bornera à des sentiments vagues et à des émotions discrètes. Il n'y aura pas contradiction du moment qu'on les tiendra comme n'ayant pas d'objet. Mais aussi, il manque le pointd'appui qui rend la foi puissante et féconde.

Les anciens dogmatismes, même fourmillant d'erreurs, parce qu'ils croyaient en une vérité supérieure et stable, ont donné à leurs siècles des œuvres grandes et qui restent. — Que laissera notre positivisme à l'admiration des temps à venir ?

Mon dessein n'est pas d'étudier chacune (49)
des manifestations du beau. Une seule me préoccupe, la plus haute : l'honneur, cette beauté de la vie humaine qui inspire les exemples immortels légués à l'histoire.

Cependant, avant d'en revenir à l'honneur,

je voudrais découvrir jusqu'à quel point ce temps-ci sera privé de la gloire du beau.

Les idées positivistes ont tout pénétré, elles s'affirment de deux façons : par la proscription de l'idéal et par la méthode scientifique.

D'une part on refuse de voir au-dessus des réalités apparentes. On veut oublier que l'idéal soutient le réel, étant infiniment plus vrai que lui. On tient pour le réalisme, et l'on adopte franchement sa conséquence, la réhabilitation du laid.

D'autre part, faute de remonter aux causes supérieures, on se perd au milieu des phénomènes, on se fatigue à observer, analyser, décrire. On use et on abuse de la méthode expérimentale, on l'introduit partout, on ne connaît plus qu'elle.

Les arts et les lettres sont prêts d'étouffer dans cette atmosphère que nous leur faisons.

Nous les avons sciemment voués à la décadence en fermant les célestes régions où ils contemplaient leur modèle. Sans doute ils ont de quoi satisfaire ce dilettantisme qui est le goût contemporain, ils nous donnent à profusion ce que nous appelons de jolies choses ; mais produisent-ils rien qui soit grand ? Une végétation maladive et désordonnée absorbe les puissances de leur vie. A peine s'ils connaissent encore les élans du désespoir vers l'idéal perdu, les révoltes contre l'oppression du laid. On plutôt, c'est comme une ligue des nombreux et réels talents du jour pour ébranler l'assurance dans la vérité, égarer la rectitude des pensées, discréditer la foi, abattre ce qui ranime. Un peuple n'est pas en état de résister à une littérature comme la nôtre ; il est sûrement conduit à sa perte. — Les arts et les lettres ne produisent non plus rien qui soit neuf. Le génie créateur s'est retiré de nous ; il nous est resté l'imitation servile, et nous y avons excellé grâce au positivisme. Il faut savoir gré à ses méthodes d'analyse minutieuse, d'observation attentive, de préoccupation exclusive des faits, d'avoir développé le goût des nuances et détruit le parti pris contre les œuvres du passé. Nous aimons à tout décrire, à tout copier, nous le savons faire avec exactitude. Mais est-ce là un bien grand art ? Et quelle gloire de ne posséder aucune belle chose qui nous appartienne en propre ? C'est la stérilité avec la décadence.

Néanmoins, juste au-dessous du dernier des beaux-arts il existe de grands ouvrages dus à ce siècle et qui portent son cachet.

En s'entendant sur la portée des mots, notre siècle est assez justement qualifié, celui de la science. Serait-on *laudator temporis acti* jusqu'au fond de l'âme, qu'on ne pourrait se défendre d'une certaine admiration en présence de tant de merveilleux secrets arrachés à la matière et de cette puissance effrayante des forces mécaniques que nous avons soumises. Il y a là véritablement de la beauté, mais une beauté d'un ordre inférieur, une beauté qui est au plus bas degré de la beauté, de même que notre science est au plus bas degré de la science.

Tout remonte à Dieu. (49 bis)

Dieu est l'exemplaire éternel du vrai et du beau répandus sur les êtres. Avec leurs formes diverses, ceux-ci rappellent un même type idéal, incréé. Cette représentation divine fait leur essence. Chaque progrès dans la connaissance qu'il nous est permis d'en acquérir est un pas vers Dieu. Au fond, toute science humaine revient à la connaissance plus ou moins imparfaite de la divine perfection. Les créatures révèlent le Créateur, mais inégalement. Les unes placées au sommet, douées d'intelligence, sont vraiment les images de la divinité. Les autres ne la rappellent que de plus loin : ce sont des ombres, des vestiges (1). Ces degrés différents dans la ressemblance divine mesurent la beauté des êtres et l'élévation des sciences qui leur correspondent.

Or, de nos jours, l'attention des hommes

(1) Cette doctrine de l'exemplarisme divin se dégage avec une forme nette de l'enseignement combiné des quatre plus grands génies qui aient honoré la philosophie : Platon, Aristote, saint Augustin, saint Thomas d'Aquin. On la trouve exposée dans l'ouvrage d'un savant Jésuite (le P. Liberatore : *Théorie de la connaissance intellectuelle*, ch. VIII). — Il est assez remarquable de constater combien ces idées ont inspiré un critique contemporain, M. Charles Blanc. (Voir les citations faites par M. Pailleron, discours de réception à l'Académie française.)

s'est fixée de préférence sur le dernier d'entre les vestiges. La science de la matière, celle qui rapproche le moins de Dieu, qui a le moins de peine à se faire athée, est la science de notre temps. Nous l'appelons *la science;* nous voulons qu'elle suffise à expliquer le monde, y compris l'esprit et la vie. S'il reste un mystère toujours insondable, celui de l'existence, le principe du positivisme apprend à l'oublier. Pourtant, chose étrange, et qui montre la pente de l'esprit humain vers l'absolu ! Cette science toute décapitée, sans doute parce qu'elle exprime le peu de vérité qui nous reste, devient un objet de croyance ; on parle de lui dédier un culte ; un très savant matérialiste voit en elle « le plus sublime des poèmes » (1), elle excite de l'enthousiasme,

(1) John Tyndall : *La chaleur mode de mouvement*, n° 724.

et, à cause de cela, elle nous donne de grandes choses.

De telle sorte que, si notre temps possède en propre une beauté à son niveau, il le doit encore à une croyance.

---

(50) Par une concession à notre besoin d'esthétique, le positivisme supporte l'idée du beau, à la condition de l'emprisonner, le mieux qu'il peut, dans la matière. En revanche, il se soulève contre la beauté de l'âme. L'honneur lui est odieux.

Aussi bien, comment y aurait-il de l'honneur sans idéal ?

Dans une certaine mesure, l'attrait naturel des belles choses, leur conformité avec des goûts faciles, permettent aux plus sceptiques de tendre vers l'idéal, sans croire en lui. Il n'en va pas ainsi quand il s'agit de la direction de notre conduite morale, alors que toute une partie de notre être tire à rebours et que la passion de l'avilissement est en jeu.

Il faut à l'honneur une foi ardente.

Il lui faut une croyance forte en un solide appui, sinon, l'instinct d'en bas, le penchant originel vers le mal, cessent d'être maintenus. Il lui faut une confiance profonde et entière dans cet idéal où rayonne aux yeux de l'esprit le type de beauté morale sur lequel doit se régler notre conduite.

Est-il possible de garder croyance et confiance après avoir mis en doute la réalité de l'idéal? Se passionnera-t-on longtemps contre son intérêt pour de vains songes? La logique du positivisme n'invitera-t-elle pas l'homme de cœur à détourner sa vue d'une fiction cruelle?

L'honneur n'a pas de place avec une doctrine qui enlève à l'homme son point d'appui dans l'absolu et lui refuse le droit de dire : Il y a une vérité.

A priori, on devine au bout de notre incrédulité un abîme de déchéance.

---

(51) Déjà cette incrédulité est une déchéance.

La philosophie abaissée qui nous séduit vient de notre lâcheté, elle est un crime contre l'honneur.

La moralité de l'homme réside tout entière dans la bonne volonté, c'est-à-dire, dans l'intention persistante de rester fidèle à notre aspiration native vers le vrai et le bien.

Précisément, cette aspiration est ce que le positivisme entend bannir, il nous fait violer le premier des devoirs en fermant notre âme à l'idée de vérité.

D'ailleurs, nous sentons très bien que l'amour du vrai se conserve et se développe en nous au prix de mille combats. La bonne volonté parfaite diffère peu de l'honneur, elle est : « énergie, générosité, vaillance, et, en même temps, sincérité, droiture, loyauté » (1).

Le positivisme va radicalement contre elle, il est un acte d'insigne faiblesse. S'il refuse de voir, ce n'est pas manque d'évidence, car, suivant l'expression de Pascal, notre idée de la vérité est invincible, c'est manque de courage ; on sait qu'il n'a même plus celui du désespoir.

---

(1) Ollé-Laprune, maître de conférences à l'Ecole normale : *De la certitude morale.* — Le rôle de la volonté dans l'acquisition de la vérité est indiqué d'une façon remarquable par l'auteur de cet ouvrage.

(52) Tout se tient entre l'intelligence et la volonté.

Dans l'ordre moral, l'adhésion à la vérité ne se fait pas sans l'énergie du vouloir ; inversement, c'est la volonté qui a la plus grande part à l'adoption des idées fausses.

Je ne crois pas trop m'avancer en disant que les mœurs suivent nécessairement les idées, tandis que les idées sont librement choisies. En d'autres termes, les idées sont plus coupables que les mœurs.

Comme les vérités morales sont les premières parmi les vérités, on peut formuler cette règle générale que les hommes se font une philosophie en rapport avec leur générosité. — Qu'on juge de la nôtre par la philosophie que nous avons choisie, sans amour du vrai et du beau, sans idéal, sans honneur.

§ II. — *Le libéralisme.*

Que les idées spéculatives aujourd'hui (53)
régnantes relèvent du positivisme, peut-être tous ne l'aperçoivent-ils ? Beaucoup d'esprits trop superficiels feront difficulté d'en convenir.

Mais, où je suis assuré de n'être pas contredit, c'est en avançant que les règles actuelles de notre conduite privée et publique sont tirées du libéralisme. On réclamerait, si je ne l'accordais pas. Tout le monde, ou peu s'en faut, veut être libéral.

On est moins d'accord pour accepter une définition de ce système si fort à notre goût. La plus juste, à mon sens, est contenue dans ces deux mots : *positivisme pratique*, ce qui diffère peu d'ailleurs de : *scepticisme pratique*. Ces définitions ne nous indignent pas, et même elles ne sonnent pas désagréablement à nos oreilles; les moins avancés n'oseraient ni ne voudraient les déclarer complètement fausses. Si atténué qu'il soit, le libéralisme implique toujours une part d'indifférence, de la neutralité entre le vrai et le faux, le bien et le mal ; il méconnaît l'universel et souverain domaine de la vérité, il va à l'encontre de ce principe essentiel qu'elle doit tout régler et partout dominer.

Les positivistes signalent avec raison : « la connexité sociale entre ce qui est su « et pensé et ce qui est voulu » (1). La méconnaissance et la désaffection de la vérité façonnent nos mœurs ; elles inspirent les règles de conduite les plus répandues et les mieux établies. « Depuis quatre-vingts

(1) Littré, *Sept ans de prorogation et de république*. — Revue de la philosophie positive. Février 1874.

« ans, dit Littré (1), la société a été pénétrée « des principes libéraux...... On change « quelques accessoires, on ne change pas » le fond. » Et c'est vrai, nos luttes quotidiennes en témoignent. Les partis qui semblent les plus irréconciliables tiennent le même langage ; malgré leur acharnement, on les croirait d'accord sur les principes ; leur souci paraît être d'en revendiquer le bénéfice pour eux seuls. Les autoritaires et les hommes de désordre, les modérés, les gens victimés, de même que les violents et les persécuteurs, tous se disent libéraux.

Evidemment, il y a bien quelque confusion sur le mot. Le contraire étonnerait. Jusqu'ici l'humanité a usé de la parole et l'a organisée d'après la conception d'une vérité absolue et souveraine. Pour peu qu'on essaie de changer

(1) Ibid.

ce fondement, à l'anarchie des idées vient s'ajouter l'incohérence des mots. Les intelligences faibles en sont dupes. Déjà soumises à cette oppression des intelligences plus fortes remarquée par saint Augustin, au rapport de Lacordaire (1), elles sont en outre trompées par la piperie des mots.

Le libéralisme tire de l'équivoque une partie de ses avantages. Il lui doit le prestige de son nom. Bien qu'on en puisse douter aux résultats, celui-ci se rattache évidemment à *liberté*, mot susceptible, dans le vague de sa généralité, d'un sens très propre à exciter l'enthousiasme. L'équivoque lui apporte encore une force défensive ; on est exposé, quand on l'attaque, à se donner des airs odieux.

Nonobstant, et sans avoir égard au crédit

(1) Mémoire pour le rétablissement en France de l'Ordre des Frères-Prêcheurs.

de certains mots radicalement faussés, je dénoncerai comme dignes d'un particulier mépris quatre idoles modernes formées avec les principes constitutifs du libéralisme. Ce sont : *la liberté de conscience, l'opinion publique, la tolérance, la légalité.*

Ces expressions aux dehors séduisants cachent des idées basses, laides et avilissantes. Avant tout, le libéralisme doit être condamné pour son peu d'honneur.

I. — *La liberté de conscience.*

De notre temps, on ne croit plus à la cons- (54)
cience : la liberté que nous avons imaginée devait aboutir là.

Certes, je n'ai pas cherché à affaiblir l'autorité de la conscience. Son droit au gouvernement de notre conduite, je l'ai dit, est absolu ; nous devons la suivre, quels que soient l'obstacle à vaincre et le sacrifice à accomplir. J'estime qu'il est nécessaire, plus que jamais, d'affirmer cette obligation primordiale. Si notre époque manque d'hommes d'honneur, c'est d'abord qu'elle manque d'hommes de conscience.

J'ai dit aussi que la loi morale émane de la vérité absolue, qu'elle est indépendante de nous, en dehors et au-dessus de notre raison.

A cause de cela, la conscience n'est pas libre. Elle n'est pas libre en droit, car elle doit juger conformément à la loi. En fait, on trouvera qu'elle n'est pas libre non plus ; malgré nos efforts, elle ne saurait juger autrement que d'après l'idée invincible du vrai et du bien, elle condamne nos tentatives pour la fausser ; elle est la première à protester contre cette liberté que nous lui attribuons.

Toutes les doctrines qui placent, dans une (36)
mesure quelconque, la raison humaine au-dessus de la vérité ont inscrit en tête de leur morale : liberté de conscience.

Cette expression déraisonnable est employée à dessein. Elle est ici rigoureusement exacte. On nous investit du droit de régler le bien et le mal à notre fantaisie. Voici comment. Les jugements que nous portons sur la moralité de nos actes se rattachent à des idées générales. Celles-ci sont choisies par nous avec la participation de la volonté et souvent par d'autres considérations que l'amour exclusif et désintéressé du vrai. Peu importe. C'est dans ce sanctuaire des idées qui nous sont chères, que l'on dresse un autel à la liberté de conscience. On proclame notre raison libre d'adopter et de placer devant notre conduite telle foi religieuse, tel système philosophique que bon lui semble.

Le principe de la liberté de conscience fut d'abord élevé en face des vérités religieuses ; on en vint à les considérer toutes comme également mystiques et imaginaires. Une fois posé, le principe a fait son chemin ; il s'est étendu à toutes les vérités, ou plutôt il a déraciné la notion même de vérité. La philosophie positive l'a trouvé déjà formé, elle l'a connu pour sien et l'a porté à sa perfection. Dans nos croyances et nos convictions, elle ne voit rien au delà du phénomène intérieur, nos idées ont un droit égal à être et à se produire au dehors ; si tant est qu'il existe encore des droits, celui-là est le plus sacré.

---

(56) Nous sommes en présence d'une morale nouvelle. Son premier dogme est la liberté :

à l'origine, chez l'homme individuel, elle trouve, non plus l'idée de devoir, mais celle de liberté ; elle en fait la base sur laquelle sont assis tous nos droits. De là, ce langage moderne qui introduit à tort et à travers, dans toutes les revendications, le mot liberté comme l'expression même de la justice.

Cette morale s'appuie sur l'homme et rejette Dieu ; elle s'est affranchie du vrai absolu et du bien immuable, elle est issue de notre raison et soumise à notre volonté, elle est indépendante, mais est-elle la morale ?

L'honneur subsiste encore beaucoup moins. J'ai montré ce qu'il vaut après qu'on l'a rendu purement humain. Sans doute, lui aussi jouit de la liberté commune, il nous est loisible de suivre son culte ; mais, si vague et indécis qu'il soit, par essence ce culte s'adresse toujours à quelque chose de supérieur à l'homme et d'inflexible, son intransigeance le met aux antipodes de l'idée libérale. Que celle-ci domine les esprits, l'honneur est prêt d'en sortir. Cette loi qui ne pardonne pas, cet idéal qui soutient dans le sacrifice, qui excite à se dévouer, ne sont plus qu'illusions et conceptions chimériques; nous les suivons parce qu'elles nous plaisent; n'est-il pas sage de nous en débarrasser le jour où nous les trouvons gênantes ?

On peut être assuré que la liberté des croyances formera des caractères sans énergie ni fermeté. Elle ruine la foi qu'un homme d'honneur doit avoir en sa conscience. Son résultat infaillible est de procurer en nous-mêmes le triomphe des aspirations les moins héroïques de notre nature et de nous asservir extérieurement au joug de l'opinion.

II. — *L'opinion publique.*

Notre monde a un maître, presque un Dieu, que lui a fait la liberté moderne. C'est l'opinion publique. (57)

Cette opinion décide du vrai et du faux, du bien et du mal, elle est la lumière de vérité, la souveraine justicière, elle soumet nos esprits, elle légifère sur notre conduite.

Une obéissance comme celle-là inspire difficilement de la fierté. Se régler sur l'opinion des autres n'a rien qui honore un homme. Des gens de cœur, en trop grand nombre, se disent contraints de sacrifier au faux dieu, ils n'échappent pas à un secret sentiment de honte.

Il semble que notre orgueil ait dressé un piédestal à la raison afin qu'elle tombe aussitôt plus bas. Cette étrange abdication de la conscience est un châtiment ; la parole se vérifie à la lettre : « Quiconque s'élève sera abaissé». Si l'opinion nous courbe sans résistance, c'est que notre affranchissement intellectuel nous laisse aux prises avec la faiblesse et la peur.

La faiblesse d'abord. D'instinct nous cherchons, pour étayer les jugements qui dictent notre conduite, quelque terrain solide, plus solide que notre simple fantaisie. Rentrés en nous-mêmes, nous ne trouvons plus la vérité ; faute de mieux, nous demandons à l'ensemble ce qui manque à chacun, l'opinion de la majorité est tenue pour inébranlable tant qu'elle dure ; la vérité est remplacée.

La peur ensuite. Ne pouvant nous réclamer d'une vérité supérieure à tout et à tous, n'ayant d'autre appui que nous-mêmes à nos jugements personnels, nous redoutons ceux des autres. Par ce temps de libres-penseurs, il y a pénurie d'hommes pensant par eux-mêmes ; jamais l'indépendance de jugement ne fut plus rare et l'espèce humaine plus moutonnière. Ajoutez, ce qui est d'expérience et n'implique nulle contradiction, que l'opinion obéit le mieux à ceux qui la traitent rudement.

La reine du monde maintient facilement (58)
sous son sceptre la multitude des hommes qui ont perdu confiance en la vérité et ne savent comment se passer d'elle. Dans l'intime de nous-mêmes, la faiblesse et la peur disposent au joug. Son pouvoir répond en outre à un besoin légitime de gouvernement.

---

(59) Le gouvernement nécessaire au premier chef est celui des esprits.

Ce n'est pas d'aujourd'hui que l'humanité aspire vers l'établissement d'une puissance visible capable de régler ce qui doit être cru. Nous éprouvons à chaque instant qu'il faudrait dissiper nos doutes, mettre fin à nos disputes ; nous avons besoin d'oracles infaillibles et de décisions irréformables. Les plus vertueux, les plus attachés à cette vérité révélée par la lumière naturelle de l'intelligence, sentant combien elle demeure entourée de nuages et combien sa connaissance facile et sûre est pratiquement nécessaire, sont les premiers à appeler une révélation plus complète, à souhaiter ardemment de trouver ici-bas une règle extérieure de vérité.

Cette règle, nous la possédons. Un auteur

dont je ne saurais trop citer le beau livre dit excellemment (1) : « Le Christianisme seul, « et, dans le Christianisme, l'Eglise catho- « lique seule, l'a donnée au monde ». Il faut ajouter : cet interprète divinement institué satisfait nos aspirations parce qu'il dépasse nos espérances, il dégage la vérité entrevue avec nos forces naturelles et il la complète ; le surnaturel donne le mot de l'énigme humaine.

Voilà qui est à l'opposé des idées modernes. A aucun prix, des hommes de progrès comme nous le sommes devenus ne veulent entendre parler de ce pouvoir suranné de l'Eglise. Nous détestons l'oppression des intelligences, non pas que nous puissions maintenant nous passer d'un régulateur de nos pensées, mais nous en voulons un mieux

(1) Ollé-Laprune, maître de conférences à l'Ecole normale : *De la certitude morale*, ch. VII, 4.

en rapport avec l'indépendance nouvelle; le chef-d'œuvre de notre raison est que nous allions demander à l'opinion capricieuse, changeante et multiple de satisfaire nos désirs de fixité et d'unité!

---

(60) L'accord des esprits est le meilleur garant de l'accord des volontés. Encore faut-il des moyens de remédier à l'absence de celui-ci et d'assurer quand même l'ordre extérieur. C'est, pour les hommes, un second et très urgent besoin de gouvernement.

Dans notre société, l'opinion est reine au pied de la lettre. Les lois et les institutions ont été mises à ses ordres. Nous avons abandonné l'idée absolue d'une justice immuable. L'accord des volontés par la coercition sociale ne se fait plus sur le terrain imaginaire d'un droit supérieur aux hommes, mais sur le terrain réel d'une convention issue de nous. Il s'agit simplement de décider quelle est l'opinion du plus grand nombre et de l'imposer ensuite à ce qui reste; l'un et l'autre sont possibles et pratiques, assure-t-on.

En parlant de la légalité, j'essaierai de découvrir la sottise et la bassesse de cette organisation où l'on a fait un trône à la grande ennemie de l'honneur.

III. — *La tolérance.*

Bien que le mot « tolérance », de même (61)
que beaucoup d'autres également en faveur, soit susceptible d'une interprétation satisfaisante, je ne crois pas qu'on s'avise jamais de qualifier l'homme d'honneur de tolérant.

Dans le langage usuel, un homme tolérant, c'est à peu près un sceptique.

La tolérance n'apparaît pas glorieuse; elle séduit les hommes modernes. Comme ils l'entendent, elle est la conséquence et la mise en œuvre de la liberté de conscience. Si nous écoutons Littré (1) : « une doctrine a le droit de se croire la seule vraie, mais tout en ayant cette croyance, elle devient propre à diriger la conscience contemporaine, quand elle y joint, à l'égard des dissidences, « le ferme propos de défendre leur liberté, comme la sienne propre ». Ainsi, croire de toutes ses forces à une doctrine et réclamer avec la même énergie la liberté de la doctrine contraire, telle est la proposition pleine d'espérances pacifiques sortie enfin des ténèbres à la

(1) *Revue de la philosophie positive*, septembre-octobre 1875 : *Un triomphe clérical.*

lumière de ce siècle. Non moins déraisonnable qu'irréalisable, elle a du crédit. Sous une forme à peine voilée, c'est dire que la vérité est un mythe ; toutes les doctrines se valent, étant aussi vraies et aussi fausses les unes que les autres, d'où suit pour toutes, quelles qu'elles soient, un droit égal à se manifester et à entrer librement dans la pratique : ainsi le veut la tolérance.

De l'avis commun, l'axiome antilibéral (62)
par excellence réside dans ce principe, que la vérité possède seule le droit à la liberté. On n'a pas assez d'anathèmes contre ces hommes arriérés qui réservent leur enthousiasme pour la seule liberté du bien. Littré (1) a imaginé de traiter ces mots, « liberté du

(1) Ibid.

Documents manquants (pages, cahiers...)

NF Z 43-120-13

bien », de jargon clérical; jargon, probablement à cause de leur clarté sans réplique et qui ne laisse rien à objecter. Qui donc osera se déclarer sans détour pour le droit à la liberté du mal ? L'unique réponse est dans une profession de scepticisme : qu'est-ce que le bien ? qu'est-ce que le mal ? et qui en est juge ?

Ici, plutôt que de donner des arguments, on évoque des fantômes : intolérance, fanatisme, persécution. La tolérance délivre nos esprits de ces tristes visions du passé, elle nous donnera la paix.

Est-ce bien sûr, et à quel prix ?

---

(63) Le jugement porté par saint Augustin n'a point vieilli : l'erreur est essentiellement persécutrice. Dès qu'elle est reçue avec

conception de la loi humaine ; conception rendue indépendante, élevée à la souveraineté sans limites et se suffisant à elle-même.

Nos docteurs ne voient rien au delà, la légalité est le seul terrain ferme. A entendre les apologistes de notre temps, cette fiction possède toute les vertus, elle est le rempart de la liberté, la garantie infaillible du bon ordre, la solution des difficultés sociales, l'asile sacré où se trouve le salut.

Une simple comparaison avec les faits suffirait pourtant à mettre en défiance. Depuis que la légalité a obtenu ce crédit, les révolutions se suivent, les violences ne nous sont point épargnées, et l'ordre social paraît si factice que, dans les périodes de calme, chacun s'attend à le voir crouler tout à coup.

Puis, le succès facile d'entreprises néfastes fait qu'on est en droit de se demander si cette légalité n'est pas un instrument d'oppression très perfectionné. Elle semble particulièrement apte à briser les plus légitimes résistances. Son prestige lutte avec le sens moral, il paralyse l'indignation. Les meilleurs sont pris de découragement quand ils considèrent par quels moyens débiles et incertains la justice devra triompher ; on les dirait plutôt combinés contre elle, et les exemples ne manquent pas où leur seul mécanisme l'a étouffée.

Il y aurait trop à dire sur ce sujet. Si tout n'est pas à changer dans l'organisation moderne de la société, du moins tout est à reconstruire en prenant d'autres bases ; il le faut pour que la droiture et la grandeur puissent y rentrer.

Je n'entends pas excéder les limites d'un simple jugement porté sur nos règles de conduite. Je me bornerai à mettre à même p'apprécier quelle est cette fiction de légalité, combien elle nous abuse, combien l'humanité en est amoindrie dans son honneur.

La théorie de la légalité est fort aisée à saisir. (66)

On part de l'indépendance absolue de l'homme : il n'y a qu'un seul et unique droit, le droit originel à la liberté. Mais, toutes ces libertés individuelles se rencontrant et se contrariant, il a fallu, de nécessité, organiser la liberté générale. Et quel moyen, puisque chacun n'a d'autre maître que lui-même ? Il reste un accord commun ; au moins le principe de la souveraineté ne résidera pas en dehors de l'homme. Pratiquement, l'accord commun étant irréalisable, on y suppléera par un accord de majorité.

Tels sont les linéaments très simples de

l'organisation sociale. D'une part, « le principe de toute souveraineté réside essentiellement dans la nation » (1). C'est le dogme fondamental, la souveraineté nationale, l'arche sainte. D'autre part, « la loi est l'expression de la volonté générale » (2).

On voit que cette loi est pure convention, sans rien au-dessus. Elle fonde le droit social en déterminant la liberté laissée à chacun. Point capital, elle est toujours obligatoire et nécessairement juste, quand bien même, suivant nos croyances particulières, la part de liberté supprimée serait la plus indispensable, et la part de liberté maintenue, la plus préjudiciable. Par là éclatent le mérite du droit moderne et sa stabilité à toute épreuve; il n'est fondé sur aucune idée absolue, il dispose en dehors des préoccu-

(1) *Déclaration des droits de l'homme*, art. 3.
(2) Id., art. 6.

pations de vérité ou d'erreur et sans être inféodé à une doctrine quelconque. Incontestablement, l'utopie exerce de la séduction; notre scepticisme est à l'aise avec une loi qui assure l'ordre matériel, en laissant de côté les difficultés de l'ordre moral et en donnant partout le même *droit commun.*

Cette abstraction de toute vérité absolue (67)
dans la conception du droit social semble inspirée par la philosophie positive, elle est entièrement conforme à ses vues. Nouvelle preuve que cette philosophie façonne notre société.

Aucun théoricien n'a mieux décrit les idées moyennes en cours et n'a été plus écouté des organisateurs de la République actuelle que Littré, le vulgarisateur de cette philosophie. Il y a dix ans, il écrivait : « Pour combattre la réaction et pour se « maintenir, les républicains ont deux res- « sources, toutes deux grandes et puissantes : « ce sont l'opinion publique et la légalité »(1). Nous avons entendu répéter cela sous toutes les formes ; on l'a dit sans cesse, et pour le succès c'était le point important. D'ailleurs, le raisonnement est d'une parfaite justesse ; l'opinion publique et la légalité doivent être en effet considérées comme la source et l'instrument du gouvernement constitué à la moderne.

Les idées libérales s'enchaînent, elles ont entre elles une alliance dont le secret est facile à pénétrer : la légalité avec sa force obligatoire est issue d'un grand compromis

(1) *Revue de la philosophie positive*, janvier-février 1874 : *Sept ans de prorogation et de république.*

réalisé sur le terrain de l'opinion publique entre les droits égaux de tous à la liberté de conscience et à la tolérance.

Le premier châtiment des hommes après qu'ils ont abandonné la vérité est de tomber aussitôt dans les pires contradictions et précisément dans les maux qu'ils fuyaient. Déjà c'est pour eux un déshonneur que d'avoir si mal réussi dans leur tentative d'indépendance et de s'être abusés à ce point. (68)

Le nouveau système du gouvernement paraissait une œuvre de la liberté, il promettait une stabilité jusque-là inconnue.

Que devient la liberté ? (69)

Le système repose sur le sacrifice que nous en faisons. Sacrifice inacceptable, car il ne réserve pas les droits de la conscience dont nous ne sommes point maîtres, malgré la prétendue liberté de conscience. Sacrifice sans limites : nous ne comprendrions pas un droit contre la légalité.

Il suit que le Dieu-État possède la toute-puissance ; il n'a d'autres bornes à son pouvoir que celles qu'il se détermine lui-même, les libertés individuelles sont à sa merci. Dans l'ordre social, l'État est tout, et l'individu rien.

En fait, suivant qu'on a de la propension à étendre ou à restreindre l'exercice des droits d'État, il y a quantité de manières de pratiquer le libéralisme. Toujours, néanmoins, celui-ci glisse sur la même pente, il incline à réglementer, il enfante des lois en nombre infini.

Je ne suis pas le premier à redire, à propos du luxe d'organisation où nous sommes parvenus : *plurimæ leges, pessima respu-*

blica. Les juristes savent quel incommensurable développement a pris le droit administratif, ce droit qui est une découverte de notre décadence. Les idées libérales menacent de nous conduire à la réglementation universelle. On étouffe de légalité.

Si encore nos aspirations vers la stabilité (70)
étaient satisfaites. Mais, là encore, nous sommes trompés ; la légalité est un appui menteur.

C'est une erreur, aujourd'hui, très commune d'attendre de la puissance législative beaucoup plus qu'elle ne saurait jamais donner. Nous avons mis toutes nos espérances dans les arrangements artificiels. On caresse le projet d'établir une paix et un ordre quasi-mathématiques par des conventions qui prévoient tout. On s'imagine que la légalité est, seule et à elle seule, un terrain ferme. Combien cette confiance est déçue !

Montaigne, de son temps, se moquait de « ceux qui ont pensé établir dans la France « un grand remède contre les procès par la « multitude et la prétendue justesse des lois » (1). Avec ce nombre d'ordonnances, il constatait que « les obscurités croissent à « mesure que l'on espère les ôter » (2).

Que dirait Montaigne à présent ? L'immense collection de nos lois existantes forme un vrai dédale. On s'y perd. On en tire ce que l'on veut. Il faut être bien mauvais légiste pour ne pas trouver le moyen de se raccrocher à quelque texte. C'est un arsenal rempli d'armes et toujours ouvert au pouvoir du moment. Au besoin, celui-ci

(1) Pascal, *Entretien avec Saci sur Epictète et Montaigne.*
(2) Ibid.

dispose de procédés pour commettre légalement l'illégalité. Une apparence de formes favorise l'arbitraire.

Somme toute, la légalité est chose passablement obscure et souvent insaisissable. La théorie qui préconise le judaïsme se heurte aux faits, elle en reçoit un démenti(1). Rien n'est plus facile que l'interprétation de complaisance. Rien n'est plus à souhaiter que l'interprétation équitable (2). Quoi

(1) Que l'on veuille bien considérer les monuments de la jurisprudence et l'usage continuel qui en est fait.

(2) J'ai eu l'occasion de montrer l'importance de cette interprétation au point de vue de la perfection du droit positif, ainsi que la supériorité de la jurisprudence sur la multiplicité des lois, dans un mémoire couronné par la Faculté de Droit de Paris (*Etude sur le Dol*, 1881). — J'observerai ici que mes critiques à l'égard de la légalité ne s'appliquent pas au même degré à notre Droit civil. Si l'on excepte les matières du mariage et des successions, la Révolution y a moins fait sentir ses doctrines sociales, elle a respecté le travail des siècles.

qu'on fasse, l'essentiel, pour la bonne administration de la justice, est qu'elle soit entre les mains de juges profondément consciencieux.

Le véritable et seul terrain ferme, celui qui soutient la loi humaine et qu'il ne faut jamais perdre de vue dans les difficultés, c'est la loi supérieure du bien, le droit naturel établi par Dieu.

La faiblesse de cette légalité que nous pensons faire si solide achève de démontrer son inanité. Elle n'a aucune force de résistance. Le fait accompli l'emporte toujours. On le voit bien, ne serait-ce qu'à la chute de nos lois les plus fondamentales, de tant de constitutions destinées à durer perpétuellement.

Qui donc croit fermement à la légalité ? L'idée de droit est morte, elle n'a pas été remplacée.

La société où nous vivons est bouleversée (71)
de fond en comble. L'ordre naturel est à terre. Il n'y a plus de traditions ; nous avons perdu toute notion vraie de l'autorité. On a fait table rase du passé pour organiser un monde de convention, un monde renversé.

Comment parler de stabilité ou seulement de législation sage, alors que la perfection du gouvernement consiste à suivre l'opinion dans ses divers caprices? Nous nous jugeons bien gouvernés avec un suffrage qui exprime les volontés du plus grand nombre et des consultations fréquentes de ce suffrage. Notre libéralisme affectionne la mobilité de l'opinion, il l'oppose à la fixité de la coutume qu'il repousse; nous ne sommes pas éloignés de considérer les variations sans fin comme le progrès.

Singulier progrès où nous a conduits ce droit factice établi, pour plus de solidité, en dehors de la considération d'une justice absolue.

Aucune des combinaisons tout d'une pièce que nous essayons tour à tour ne se plie à nos besoins. Nos formes compliquées de gouvernement sont artificielles, inhumaines, contre nature. Ces institutions mécaniques, si savamment construites qu'elles soient, fonctionnent mal, elles manquent d'élasticité ; après avoir trébuché à travers mille inconséquences, elles ne tardent guère à tomber misérablement.

Nous éprouvons, sans jamais nous instruire, la fragilité des conventions vides qui soutiennent l'ordre social nouveau.

---

(72) Un signe très particulier à notre époque

est ce règne de la forme. Il a abrité des iniquités criantes. Il n'a évité aucune catastrophe. N'importe, nous y revenons toujours, nous ne consentons pas à mettre plus haut nos espérances.

J'ignore s'il est un spectacle aussi propre à humilier la raison humaine que celui du régime parlementaire dans notre pays. Outre la stérilité dont il frappe nos efforts, particulièrement ceux qui tendent vers le bien, on le dirait combiné pour développer la stupidité des hommes en commun et produire au grand jour leur lâcheté insigne. Nous nous sommes fait un esprit public à contre-sens. Rien n'est triste comme notre acharnement à cette comédie qui s'en prend aux intelligences, aux caractères, et détruit partout la grandeur.

Les pensées élevées n'ont pas été bannies en vain de notre œuvre sociale. Il est du moins un point par où nous sentons qu'elle pèche. Nous ne réussissons pas à trouver de la majesté à nos inventions.

Ceux qui poussent à l'admiration des institutions modernes tentent une impuissante parodie. L'idéal proposé au citoyen ressemble trop à ce type ridicule de Joseph Prud'homme prodiguant son respect à des formes creuses.

En ce qui touche le beau, nous sommes heureusement moins faciles à tromper que lorsqu'il s'agit du vrai et du bien. L'admiration, ici, paraît généralement aussi sotte que l'œuvre est laide. Dans cette mesure nous nous faisons justice.

Aussi bien, le règne de la forme n'est-il pas celui du convenu, du factice, du faux, des pires ennemis de l'honneur ?

La diminution morale de l'humanité par (73)
l'idée moderne du pouvoir et de la loi n'apparaît que trop.

Si l'on réfléchit, on conviendra que nous sommes abaissés surtout dans l'obéissance. Car enfin pourquoi obéir? Peut-être y a-t-il des motifs d'utilité à cette capitulation de notre indépendance personnelle. Mais, au point de vue de la dignité humaine, trouvera-t-on une raison suffisante de s'incliner devant d'autres hommes? Avec notre façon de concevoir la société, la soumission à une volonté étrangère est intolérable et honteuse; aucune volonté ne vaut contre la nôtre, aucune, pas même celle de la multitude, ne saurait être sacrée.

Il n'y a pas d'autorité sans une institution divine. Celle que nous faisons à nous seuls manque de titre obligatoire, elle ne possède rien qui la fasse sainte et digne de respect.

L'antique droit divin avait une autre grandeur que le droit populaire. Beaucoup plus d'accord avec le juste sentiment de notre indépendance et l'honneur de la vie, il se soutenait par un idéal immatériel qui ennoblissait l'obéissance. Il était de taille à enfanter l'héroïsme. Il a inspiré la fidélité, le dévoûment, la foi inviolable, toutes vertus inconnues à notre triste temps.

---

(74) L'idée spiritualiste de droit a cessé de vivifier le monde des relations sociales. — On serait mal venu à parler de grandeur morale quand nous sommes avilis au point de tourner en dérision l'ordre moral. Le positivisme trace aux gouvernements leur rôle; il leur conseille « de se désintéresser des doc-

« trines afin de se consacrer au maintien « infatigable de l'ordre matériel et à la « répression rigoureuse des actes perturba- « teurs (1) ». C'est dire à peu près que notre appareil législatif couvre le despotisme sans raison de la force.

« Nous voulons, disait Gambetta, appli- « quer le positivisme dans l'ordre politique « et social. » On y travaille avec assiduité depuis bientôt cent ans. Les notions fondamentales de la morale sociale ont fini par être entamées dans la plupart des esprits. A présent, suivant l'opinion communément reçue, la suprême justice, c'est la *neutralité.* Le libéral irréprochable doit garder pour lui sa croyance, et demeurer neutre dans la vie publique.

(1) Littré, *Sept ans de prorogation et de république.* (*Revue de la philosophie positive,* janvier-février 1874.)

Il n'est pas douteux que notre libéralisme ne procède de la philosophie positive. Cette morale sans bien absolu s'explique par une philosophie sans vrai absolu. Celle-ci manquait d'idéal. Le libéralisme manque d'honneur.

CHAPITRE II.

OU TROUVER DE L'HONNEUR PARMI NOUS ?

L'absence d'honneur dans les idées a dé- (75)
veloppé autour de nous comme une atmosphère amoindrissante où succombent les hautes vertus et les caractères. Il suffit d'écouter pour recueillir des points les plus divers l'aveu de la décadence de nos mœurs. Celui qui a dit : « les temps héroïques sont « passés », a tout résumé.

On peut discuter sur la prédominance du bien ou du mal aux différents siècles de notre histoire. Ce que l'on ne vit jamais à aucune époque, c'est un abaissement pareil à celui de l'heure présente.

Suivant les magnifiques paroles de Lacordaire (1) : « L'honneur est la ligne équinoxiale « de l'humanité ; l'humanité s'échauffe et se « purifie à mesure qu'elle en approche, elle « se glace et se ternit à mesure qu'elle s'en « éloigne ».

Notre temps est, hélas ! de ceux où les cœurs se glacent et les âmes se ternissent. Au milieu de la défaillance universelle, où donc trouver de l'honneur ?

---

(76) J'avais songé à faire la critique de nos mœurs sous le rapport de l'honneur. Mais cette étude, à coup sûr instructive, eût été presque sans fin. A propos des idées, il a été déjà question des mœurs. Il m'a paru que j'avais dit le principal. Chacun parle libre-

(1) Sixième conférence de Toulouse.

ment, sans étonner ni blesser, de la décadence morale actuelle ; j'ai accusé les idées, c'est ce que l'on ne souffre pas ; rien ne nous tient tant au cœur parce que nous sentons très bien que la réforme de notre conduite en dépend.

J'ai découvert le mal là où il faudrait porter le remède. Pour le reste, j'effleurerai seulement quelques points dignes d'attirer l'attention.

I. — *L'honneur dans la défense religieuse sociale.*

On se serait attendu à trouver l'honneur (77)
réfugié chez les hommes qui tiennent encore pour la religion et l'ancienne morale. Or, l'un des signes les plus tristes de ce temps est que les gens de bien manquent d'honneur. Beaucoup défendent la vérité d'une façon honteuse ; on dirait qu'ils n'y croient pas.

Je veux être très bref sur un aussi affligeant sujet, mais je tenais à ne le point passer sous silence.

L'indifférence nous gagne, nous aussi. Elle nous a enlevé ce désir passionné des hommes d'autrefois de voir à sa place ce que l'on sait être le vrai et le bien. Nous n'aimons plus la vérité, nous ne voulons pas son triomphe. Ceux qui, à la suite des magnanimes lutteurs du milieu de ce siècle, ont souhaité la faire triompher par la liberté, semblent ne plus se souvenir du but ; ils ont été conduits à placer leur amour du libéralisme au-dessus de l'amour de la vérité.

---

(78) A supposer que nos convictions soient fermes et arrêtées, nous ne mettons à leur service ni courage ni franchise.

La résistance passive où les inflexibles principes de l'honneur se trouvent si fort en jeu est particulièrement fertile en capitulations. Trop souvent, nous avons sous les yeux le démoralisant spectacle d'hommes honnêtes prêtant main-forte à des œuvres odieuses ; nous constatons tous les jours combien il y en a peu qui soient assez hommes d'honneur pour ne vouloir participer ni de près ni de loin à ce que leur conscience réprouve. On excelle, ai-je dit, à vaincre par des raisonnements le respect de soi-même et à reculer les limites de la conscience. Qu'ils sont nombreux, ceux qui s'en vont demandant conseil, sachant bien que l'on ne conseille pas aux gens d'être héroïques ! — Généralement, les conseils et délibérations sont détestables en honneur, on en abuse aujourd'hui.

Quant à la résistance active, elle est lamentable. Elle a donné dans le travers du siècle; les mœurs du parlementarisme ont usé toute son énergie, elle se consume en manifestations infécondes, elle finit par n'être plus qu'agitation dans le vide et échauffement factice. Le sérieux lui fait défaut, et encore plus la dignité. On ne paraît pas comprendre que l'on doit à certaines causes de les servir avec honneur. Les équivoques, les voies tortueuses, les petits moyens, les frayeurs puériles, les accommodements perpétuels siéent mal à la vérité. Ces procédés nous déconsidèrent en pure perte, ils sont de nature à éloigner ce qui reste de vivant et d'intelligent dans la nation. Nos habiletés peuvent profiter aux personnes, elles nuisent à la cause. Ne serait-ce que pour le succès, on devrait se souvenir que la fierté est une force.

Il est choquant de trouver peu de droiture, de fermeté, de grandeur d'esprit, d'honneur chez les hommes de la défense religieuse et sociale. L'attitude qui leur convient et dont ils ne devraient se départir dans aucune entreprise, parce qu'elle est la seule avantageuse aux principes, est une noble intransigeance, qui s'allie d'ailleurs admirablement avec la modération véritable.

II. – *L'honneur du sang*

A mesure que j'ai interrogé la société où (79)
nous vivons, à la poursuite de ce qui peut demeurer en elle de grand, je me suis affermi dans cette idée que l'honneur germe par le sacrifice du sang.

Aussi bien, il n'y a au monde qu'une seule chose sérieuse et terrible : la mort. Donner sa vie n'est pas dans les principes de la philosophie positive ni dans l'esprit du siècle.

Deux élites d'hommes qui représentent

parmi nous le sacrifice du sang résistent dans une certaine mesure à l'abaissement général. La noblesse et l'armée ont conservé le culte de l'honneur ; elles lui doivent le reste de vitalité qui fait d'elles ce qu'il y a de mieux en France.

Les gentilshommes.

(80) Le sang répandu par tant de générations a confirmé dans la noblesse une supériorité de sentiments qui n'est point une grandeur de convention. Si l'on veut trouver de l'honneur intact, du mépris pour les honneurs, de la dignité dans la conduite, de la généro-sité, de l'élévation en toutes choses, il faut l'aller chercher dans cette classe d'hommes.

A ces beaux débris qu'ils gardent de l'ancienne fierté, on oppose justement l'insouciance frivole et le désœuvrement pernicieux. C'est un résultat fatal que leur activité soit entraînée vers la fièvre du plaisir à mesure que s'en vont les causes glorieuses et que la désorientation des esprits s'accroît. Il serait surprenant aussi qu'après avoir été les premiers touchés par l'incrédulité du siècle précédent, ils fussent restés entièrement à l'abri du grossier matérialisme de celui-ci. De la complicité de tout le monde, il s'est développé, chez notre aristocratie historique, une tendance à s'arranger des mœurs de la démocratie, à la condition de conserver la seule prééminence dans les plaisirs.

Mais si l'éloge ne doit pas aller sans critiques, on ne saurait admirer assez la puissance morale qui soutient la noblesse. C'est merveille qu'elle ait résisté depuis le temps qu'elle est victime d'une politique qui la prive du droit d'accomplir ses devoirs. Elle

4**

avait été affaiblie systématiquement longtemps avant d'être dépouillée de ses privilèges, il y a maintenant cent ans qu'elle les a perdus, cependant elle est restée l'objet de l'envie universelle. Rien que par la distinction de leur vie, les gentilshommes ont maintenu le lustre de leur ordre. Leur constant souci a été de ne pas déchoir. Ils ont senti qu'il n'y avait pas de réconciliation entre eux et la société amoindrie qu'on voulait faire ; sans jamais cesser d'offrir à la France du dévouement et du sang, ils ont vécu à l'écart, estimant à leur valeur ces honneurs officiels dont le discrédit est aujourd'hui si complet. En suivant leur nouvelle fortune, ils se sont inspirés de cet amour pur et désintéressé de la gloire, tel que Vauvenargues le comprenait lorsqu'il écrivait : « La gloire, mon très cher ami, loin de « vous nuire, élèvera si haut vos sentiments

« que vous apprendrez d'elle-même à vous « en passer, si les hommes vous la refusent : » car quiconque est grand par le cœur, puis- « sant par l'esprit, a les meilleurs biens ; et « ceux à qui ces choses manquent ne sau- « raient porter dignement ni l'une ni l'au- « tre fortune (1). »

C'est l'honneur qui a soutenu la noblesse et qui la conserve au milieu de notre monde moderne. C'est lui qui suscite dans ses rangs de ces belles et maintenant trop rares figures où se retrouvent intactes les vertus d'autrefois, ces vieux Bayards égarés dans notre siècle. C'est l'honneur qui perpétue au sein de cette caste véritablement privilégiée les traditions chevaleresques : le respect de soi et des autres, la courtoisie unie à l'esprit du commandement, la fidélité, la droiture, l'a-

(1) Premier discours sur la gloire.

mour et l'intelligence innées de la justice.

M. Léon Gautier, qui a récemment consacré à la chevalerie un très beau livre où il se propose à juste titre d'agrandir les âmes (1), rapporte les paroles adressées au nouveau chevalier dans la basilique de Saint-Pierre : « Prends cette épée. Exerce avec elle « la vigueur de la justice.... Ce qui est par « terre, relève-le. Ce que tu auras relevé, « conserve-le. Ce qui est injuste ici-bas, « abats-le. Ce qui est suivant l'ordre, forti-« fie-le. C'est ainsi que, glorieux et fier du « seul triomphe des vertus,... tu parvien-« dras au royaume de là-haut, où, avec le « Christ dont tu portes le type, tu régneras « éternellement (2) ».

Paroles empreintes à la fois de la plus fière indépendance et du plus étroit attache-

(1) *La Chevalerie* : Préface.
(2) Ibid., ch. VII.

de l'heure présente. Cette application salutaire est cependant un fait anormal et une cause de faiblesse. La bonne organisation sociale veut que l'intimité ne soit nulle part si grande qu'entre l'armée et celui qui est revêtu du pouvoir souverain. Il en va ainsi chez les peuples forts. De plus, la fidélité est une vertu essentiellement militaire, un très puissant et très noble ressort du courage. La fidélité à l'empereur a fait des prodiges dans nos armées modernes. Sous l'ancienne monarchie, la fidélité au prince, si impérieusement obligatoire, était tenue pour inséparable de l'honneur. Au témoignage de Montesquieu, « l'honneur dicte que le prince « ne doit jamais nous prescrire une action « qui nous déshonore, parce qu'elle nous « rendrait incapables de le servir (1) ».

(1) *Esprit des lois*, l. IV, ch. II.

Le péril du moment est dans les efforts mis en œuvre pour que l'armée soit plus radicalement démocratique. Si rien ne vient à l'encontre, elle ne doit pas échapper à l'avilissement. Déjà l'esprit militaire et le sentiment de l'honneur sont choses trop ignorées de ces troupes d'hommes qui passent sous nos drapeaux; on s'en aperçoit à la diminution des vertus de respect et de franchise qui sont, au cours de la vie du soldat, les marques de la discipline et du courage. Que sera-ce donc le jour où de nouveaux progrès dans la voie égalitaire auront été accomplis; quand on aura achevé de faire du service un joug impuissant à former des soldats, insupportable à des hommes que leur carrière et le bien de l'Etat appellent ailleurs, odieux enfin à une foule impatiente d'une servitude dont elle ne comprend pas la grandeur; quand cette notion d'armée qu'il ne faut pas profaner sera définitivement tombée dans le vulgaire, qu'elle aura été déconsidérée même à l'avance et dès l'école ?

On aura beau dire, on aura beau faire, les vertus militaires ont quelque chose d'aristocratique. Il faut que le service soit une vocation chez le soldat, de même que chez l'officier: la guerre exige chez tous de particulières qualités de l'intelligence et du cœur, il n'est pas croyable que celle de nos jours fasse exception, loin de là. C'est une entreprise ridicule que de vouloir faire une armée avec des soldats qui n'aiment pas la guerre et ne la comprennent pas. Comme on l'a parfaitement dit (1), on oublie que la valeur d'une nation se trouve dans « ses élites ». Mais il y a pire qu'un oubli ; les hommes aux mains desquels nous sommes poursuivent un but,

(1) M. Cornély, article du journal le *Clairon*.

ils veulent la suppression de ce qui mérite le nom d'armée. — Dieu veuille garantir ce dernier soutien de l'honneur et lui communiquer la force salutaire qui relèverait la patrie!

III. — *L'honneur civil.*

(82) Nous sommes en présence d'un fait incontestable : dans notre pays, la vie publique avilit les caractères.

Quel homme peut espérer se mêler aux affaires sans y laisser une part de son intégrité? Quiconque a de la vertu ou seulement du talent ne tarde pas à concevoir le dégoût très profond de ce que nous nommons la politique.

L'entrée dans la vie publique est presque nécessairement un sacrifice à l'idole populaire ou bien quelque flatterie aux puissants du jour. Puis, carrière est ouverte à toutes les infidélités : infidélités à soi-même et aux autres. La vie publique se passe à modifier ses principes, à fausser ses promesses, à faire au pouvoir précisément ce que l'on a combattu dans l'opposition, à toujours reculer devant l'opinion, à s'incliner sous le fait accompli, à servir les gouvernements que l'on a proscrits, à trahir ceux que l'on a servis, si bien qu'il a fallu, à l'usage de la politique, considérer la foi du serment comme chose nulle et n'obligeant pas. Que deviennent les inflexibles principes de l'honneur ? On les viole perpétuellement. A présent, qui donc est inflexible ? Qui est fidèle à ses principes ? Qui rougit de ses contradictions ? Qui est fier ?

Il serait facile de retourner contre notre régime démocratique les reproches d'avilissement jadis dirigés contre le seul régime despotique. Le mal en est venu à cette intensité que l'intelligence, le caractère, l'amour du bien public, sont les obstacles qui empêchent d'arriver. Or, arriver est la grande affaire. On aime les fonctions pour les fonctions, sans désintéressement ni indépendance; l'opinion de beaucoup est que tout est sauvé si l'on garde sa place, il n'est pas d'abaissement par où l'on ne passe pour ce résultat suprême.

L'honneur manque jusque dans l'habileté et l'ambition. Appellera-t-on habiles, les cyniques ou les pusillanimes? ambitieux, ceux qui aspirent à prendre rang parmi les plus vils parvenus? L'habileté et l'ambition n'ont un côté glorieux que lorsqu'elles mêlent au succès une certaine idée de la grandeur de l'esprit (1).

(1) Montesquieu fait cette réflexion à propos de la ruse (*Esprit des lois*, l. IV, ch. II).

Ce qui est grand, ce qui est noble, est banni de la vie publique. Qu'on n'y cherche nulle image du beau, mais le spectacle de toutes les laideurs et de toutes les faiblesses.

Cependant, il n'est pas vrai que la vie (83)
publique soit en elle-même une cause de déchéance. Que chacun, dans la mesure du rang et du mérite, prenne sa part aux affaires, est certainement pour une nation un élément de prospérité et une source de gloire (1).

Si l'on consent à remonter jusqu'aux raisons premières de l'infirmité sociale dont nous paraissons atteints, à l'origine du mal on trouvera : l'absence de principes dans

(1) On peut rappeler à ce sujet la doctrine de saint Thomas d'Aquin sur le meilleur gouvernement. (*Somme théologique*, 1a 2ae, quæst. 105, art. 7.)

les esprits et l'absence de justice dans l'État.

Il serait facile de rattacher tous nos malheurs à la décadence de l'idée de droit. Nous ne savons plus où est la justice, cette grande image de la vérité qui doit dominer la vie publique chez les peuples libres.

Depuis des siècles, des hommes formant comme une secte, animés d'un même esprit et manquant singulièrement d'honneur, travaillent à pervertir notre génie national. Ils ont glacé l'antique générosité française ; l'état social actuel est leur triomphe.

Ces hommes sont les légistes. Ils se sont patiemment acharnés et contre le droit naturel, celui des principes absolus du juste et de l'injuste, et contre le droit traditionnel, celui des institutions formées avec le temps et dirigées, dans notre pays, vers un glorieux idéal de liberté chrétienne. Nous leur devons en retour ce droit tout de convention, purement humain, antisocial, de même que cette loi impuissante et tyrannique, véritablement inhumaine, dont j'ai parlé.

Aujourd'hui, les légistes abondent, mais qu'il y a peu de jurisconsultes ! Notre droit public moderne est la science la plus inférieure et la plus contre-nature qu'on puisse imaginer. Son unique principe est de n'en avoir aucun d'absolu. On y enseigne une sorte de mécanique gouvernementale, l'art de fabriquer les constitutions, d'édifier et de renverser ce que l'on nomme des pouvoirs. De cette source découle la législation administrative, collection énorme de règles arbitraires, dont les auteurs n'ont fait preuve de talent que dans la partie économique; encore, par ce côté le plus matériel, elle reste tellement étrangère aux intérêts supérieurs que son résultat évident est de développer l'antagonisme social. — Suivant la tendance moderne, là, comme partout ailleurs, on oublie l'immatériel : l'âme et Dieu.

---

(84) A notre droit, il manque la justice. C'est pourquoi nous avons si peu d'honneur civil.

Cet honneur-là est lié à la justice. Il appartient à qui la voit constamment au-dessus des relations sociales et des affaires publiques. Il consiste à se laisser séduire par sa divine beauté, à mettre à son service une volonté généreuse, un attachement inébranlable, à ne rien épargner pour son triomphe, à savoir se sacrifier soi-même.

Le courage civil dans toute sa magnanimité renferme un amour du juste capable d'atteindre le sacrifice du sang. Il ne le cède pas en noblesse au courage militaire, il est souvent plus difficile; comme celui-ci, il a ses efforts et ses renoncements qui éloignent les cœurs vils et attirent les grandes âmes.

Le courage et l'honneur civils sont les conditions d'existence des peuples libres. Combien ils seraient nécessaires au temps actuel, et combien ils sont rares! A peine si nous les comprenons, nous les avons dépréciés, ridiculisés, en mettant à leur place une parodie mesquine où la forme prime le fond.

Le seul grand exemple d'honneur de ces dernières années est venu des rangs de la magistrature. La charge de rendre la justice, quand elle est acceptée avec droiture, élève l'esprit et ennoblit le caractère: une démonstration éclatante en a été la conduite de ces magistrats à la conscience éclairée autant que délicate, qui, par respect de leurs fonctions, les quittèrent plutôt que de s'associer, fût-ce de loin, à la violation de la justice. — Devant un si généreux désintéressement, il s'est trouvé des honnêtes gens pour désapprouver; on a reproché à ces glorieux démissionnaires d'avoir obéi au seul désir d'accomplir une belle action. Cela serait, qu'ils auraient donné à ce pays la leçon la plus salutaire. Il est urgent qu'un pareil mobile rentre dans nos mœurs. Si nous voulons la vie publique en France, il faut y mettre le sentiment chevaleresque. Nous ne posséderons jamais les vertus civiles, tant que nous ne les porterons pas jusqu'à l'honneur.

IV. — *L'honneur de la France.*

Il existait autrefois une tradition qui fai- (85)
sait de l'honneur un principe de gouvernement. L'honneur animait les mœurs publiques et donnait la vie aux institutions ; il relevait l'homme devant l'Etat, et il entraînait l'Etat dans une voie nécessairement glorieuse; tout était dirigé vers l'honneur, car on n'estimait aucun but supérieur à celui-là.

Non seulement la tradition est tombée dans l'oubli, mais l'un des caractères de l'abaissement actuel est qu'il paraît voulu et comme le résultat d'un calcul. Les institutions et l'éducation y tendent, il est le programme d'un parti.

Le suffrage universel.

(83) Un régime purement démocratique ne saurait convenir à la France, à plus forte raison, celui qu'on nous a imposé.

Aucun peuple n'avait encore entendu comme nous la démocratie. Nous avons voulu y voir l'application rigoureuse des doctrines nouvelles sur l'origine du pouvoir, le principe de la souveraineté nationale pratiqué au pied de la lettre. Nous l'avons fait consister dans une forme de gouvernement qui n'admet rien en dehors de la loi du nombre et se réduit au suffrage universel.

L'évidence devrait suffire à nous convaincre que ce suffrage placé à la base de notre organisation sociale est déraisonnable et pernicieux.

Comment admettre que tous aient dans

l'Etat une part égale d'influence, sans qu'il soit même tenu compte de la proportion d'intérêt au bien public et des capacités différentes pour le comprendre et l'administrer? On ne saurait non plus contester sérieusement que la masse du peuple est beaucoup moins faite pour gouverner que pour être gouvernée. L'opinion populaire mérite sans doute d'être écoutée, elle peut utilement signaler des besoins ou des souffrances, mais elle est en général incapable de donner le remède (1), par conséquent on ne doit pas l'élever au rang de puissance législative. Enfin, il est hors de doute qu'il y a abus et danger à faire tout dépendre du suffrage, à remettre sans cesse le pouvoir en question, à entretenir dans la nation une

(1) Ceci a été dit avec beaucoup de justesse à M. Clémenceau par un délégué ouvrier, lors de la dernière crise.

source d'agitation continuelle, à exciter ces discordes qui pénètrent maintenant jusqu'au moindre village et font de la politique une maladie dont nous mourons.

---

(87) La condamnation du suffrage universel est son rôle dans l'avilissement du pays. Il nous déshonore.

Ceci apparaît dès qu'on se préoccupe de découvrir ses véritables racines au milieu de nous : son crédit vient de ce qu'il est un instrument facile entre les mains d'ambitieux vulgaires.

Si les classes moyennes n'étaient pas assez avant la Révolution, elles sont devenues trop depuis. Elles ont voulu absorber la France et la faire descendre à un certain niveau moyen qui est un idéal insuffisant. De progrès en progrès, nous en sommes arrivés au gouvernement de la partie inférieure de ces classes, de la partie la plus proche du populaire, la plus apte à parler son langage et à exploiter ses passions. Ces hommes sont devenus les conducteurs naturels de l'opinion, les maîtres du suffrage ; ils tiennent à conserver la source de leur domination.

Le fait si frappant de la complète médiocrité des élus du peuple a été à plusieurs reprises très vivement relevé. On sait qu'il a préoccupé les partisans plus éclairés du régime actuel, et que ceux-ci n'ont trouvé d'autre remède qu'une modification de scrutin.

La vérité est que le mal tient à l'institution. Non pas que le peuple soit si profondément perverti, il vaut mieux que ses représentants. Mais le peuple se donne à qui le flatte. Or, on le flatte avec moins de facilité et de profit, en faisant appel à ses aspirations généreuses qu'en ayant recours aux basses excitations et aux intérêts vils.

Ce principe d'expérience a été le point de départ d'un véritable système de démoralisation.

Le tableau de nos mœurs électorales est sous les yeux. Il est de nature à faire reculer tout homme ayant quelque élévation d'esprit ou le cœur un peu haut.

Les partis qui se disputeut le pouvoir se sont vite rendu compte que, dans le maniement du suffrage universel, les mobiles de l'ordre le plus bas ont le succès le plus facile, le plus sûr, le plus prolongé. Sauf de rares exceptions, les procédés de polémique, à droite comme à gauche, sont descendus à ce niveau.

Pour ne citer qu'un exemple, le patriotisme a reçu un coup funeste : guerre et paix sont plus que des machines d'élection ; un parti ferait tout pour éviter l'accusation désastreuse d'être celui de la guerre. C'est avec ce sérieux et cette grandeur d'âme que sont traitées les diverses questions d'État.

On n'en finirait pas, s'il fallait montrer à quel point les intérêts importants de même que les choses respectables ont été ravalés.

Les hommes dévoués au bien public ont dû céder la place aux faiseurs de popularité. Qu'ils sont nombreux ceux qui s'abaissent à ce rang ! Combien ont perdu leur dignité à solliciter des suffrages ! Les habitudes sont telles qu'on sort fatalement diminué des luttes électorales. La loyauté dans les moyens, la franchise dans les discours sont bannies de parti pris. Il faut avoir des idées qui puissent plaire, afficher la vulgarité des sentiments et du langage, faire son propre éloge : les professions de foi en témoignent. — Jamais le peuple n'a été moins respecté que depuis son avènement à la souveraineté.

D'ailleurs cette souveraineté est à ce point contre l'ordre des choses que le peuple ne s'y est pas habitué. Si l'on excepte une minorité révolutionnaire, on le trouverait encore, le cas échéant, disposé à abdiquer en faveur d'un pouvoir fort. Laissé à lui-même, il aime les supériorités, et n'est aucunement jaloux de la hiérarchie. La partie restée saine a même conservé les anciennes traditions d'honneur populaire.

On sait en quoi celui-ci consiste dans un pays comme le nôtre : le peuple fait siens la grandeur de sa monarchie et le lustre des classes supérieures, il en est fier, il y contribue; tous sont solidaires et chacun a sa place. Voilà qui rend une nation puissante et glorieuse ; le progrès serait d'y revenir avec des institutions nouvelles.

L'éducation.

C'est dans l'éducation que le parti-pris (88)
d'avilissement apparaît avec une évidence irrésistible.

On peut sans doute traiter d'utopistes ceux qui espèrent répandre partout abondamment une instruction développée et ouvrir ainsi à la France les voies de la démocratie. Mais cette utopie aurait une part de raison et serait respectable si l'on s'efforçait en premier lieu d'imprimer profondément dans les esprits les idées élevées auxquelles la grandeur de l'humanité a été de tout temps attachée.

La règle de l'éducation nouvelle est précisément contraire. Le positivisme y règne en souverain ; son mot d'ordre est observé avec une particulière rigueur dans l'enseignement donné au peuple : on ne parle plus de Dieu, l'idéal est absent, rien qui s'adresse à l'âme, tout se borne à la matière et aux intérêts matériels, on fait planer l'incertitude jusque sur les fondements de la morale. Quel avenir pour l'honneur !

De fait, cet enseignement populaire atteint son but. Il achève d'égarer la droiture naturelle, il fausse l'esprit et le cœur, il développe mille passions qui tiennent à l'orgueil, il associe la haine sociale à une sorte de vanité bourgeoise. Il excelle à faire des déclassés ; c'est à quoi l'on vise, la République actuelle y trouve son compte.

---

(89) Faut-il s'étonner si notre pays, par nature celui de la suprême distinction, devient, dans sa masse, chaque jour davantage, celui de la parfaite vulgarité ?

L'éducation en est responsable. A tous ses degrés, elle est imprégnée de positivisme. C'est par elle que se perdent le goût du beau dans la conduite et le véritable sentiment de la dignité humaine. Il semble qu'on ait voulu prendre à rebours les sublimes considérations de Pascal sur l'homme : on l'exalte quand il faudrait l'abaisser, on l'abaisse quand il faudrait l'exalter et le relever ; finalement l'abaissement l'emporte, et de beaucoup. — Comme l'écrivait Louis Veuillot (1) : « Nous aurions grand besoin qu'on nous « rendît à la fois plus humbles et plus fiers ».

L'honneur des partis.

Un parti politique a facilement de l'hon- (90)
neur tant qu'il est parti d'opposition ; il lui

(1) Lettre au P. Ramière (citée dans le journal l'*Univers*, nº du 9 mai 1884).

arrive toujours, si mauvais soit-il, de grouper des illusions généreuses qui lui apportent de vrais dévouements. La cause républicaine a eu les siens. Cependant il est remarquable qu'en France l'honneur républicain n'a jamais été ni bien distingué, ni très séduisant

L'exercice du pouvoir passé aux mains du parti est venu découvrir ce qu'il valait. Non seulement, il n'a pas donné la liberté attendue ni accompli les réformes promises, mais il est tombé, d'une façon outrageante, dans les pires abus reprochés aux régimes passés. Il ne pouvait, plus qu'il ne l'a fait, manquer à ces vertus qui honorent un gouvernement : la fermeté dans les principes, la générosité dans leur application.

Ce qu'on entrevoyait est apparu clairement. Le programme du parti républicain se réduit à abaisser tout ce qui est élevé.

L'abaissement est sa tâche quotidienne et le secret de sa force.

Du côté des principes, la République n'a montré de constance que sur un point. Chasser l'idée de Dieu est un but qu'elle poursuit avec acharnement, par la violence et par l'hypocrisie. Elle n'a épargné aucun effort pour l'atteindre dans l'éducation.

Si l'on examine ensuite de quelle manière le parti triomphant a constitué son pouvoir, il est impossible qu'on ne soit pas frappé de deux faits : les instincts grossiers de la multitude lui servent d'appui, et tout ce qu'il y a en France de gens malhonnêtes et mal élevés est invariablement républicain. Ce gouvernement est l'espoir des vaniteux de bas étage ; il a rempli les fonctions publiques de parvenus sans savoir, de nullités odieuses. — Avoir manqué en quelque façon à l'honneur est devenu un titre pour servir la République. Ceux qui aspirent à ses places ou désirent les garder le savent mettre à profit.

---

(91) Un gouvernement monarchique quelconque, s'il parvenait à s'établir, différerait, certainement, à l'avantage du pays, de la République actuelle. Fût-il un compromis peu durable, il n'adopterait jamais les idées libérales au point d'ébranler systématiquement la notion qui est le fondement de toute justice et le soutien de l'ordre social ; il interromprait la guerre ouverte à Dieu. Il conserverait assez le respect de lui-même et des charges de l'État pour ne vouloir à son service que des hommes ayant au moins de la dignité extérieure. Partout, l'honneur de la France le toucherait davantage ; il y a pour

cela un préjugé irrésistible en faveur de la monarchie.

L'autorité nettement affirmée, même quand elle est mal comprise dans son principe ou viciée dans sa source, garde toujours une auréole de grandeur. C'est ainsi que, parmi les partis monarchiques, celui qui compte le plus sur le vœu du peuple a pour lui, avec un souvenir impérissable d'honneur militaire, le prestige de nous avoir donné le seul pouvoir fort de ce siècle.

L'honneur de la Monarchie traditionnelle.

Montesquieu (1), dans l'intention évidente (92)
de déprécier la monarchie au profit de la démocratie, donne, comme principe, à celle-ci la vertu et à celle-là l'honneur. Il

(1) *Esprit des lois*, l. III.

imagine de plus une sorte d'opposition entre la vertu et l'honneur ; en quoi il nous trompe.

L'honneur est le caractère des vertus lorsqu'elles atteignent un certain degré d'excellence et de beauté. Tous les faits contradictoires qu'on alléguera s'expliquent par ceci, que les actions des hommes sont dans un mélange constant de vertus et de vices. Bien loin que l'opposition dont on parle existe, le sentiment de l'honneur est un auxiliaire très puissant de la vertu.

Certainement l'honneur ne fut pas un ressort étranger aux démocraties de l'antiquité ; l'amour des actions d'éclat, la passion de se distinguer et la crainte de s'avilir ont, à coup sûr, joué un rôle dans l'acquisition de leur gloire. D'autre part, dire que l'honneur est le principe de la monarchie, ce n'est point en exclure la vertu, c'est dire au contraire qu'une vertu commune ne la satisfait pas, et faire le plus bel éloge de cette forme de gouvernement.

S'il est vrai que l'éducation monarchique apprend aux hommes à se guider plutôt par la beauté des actions que par leur bonté (1), on devrait voir qu'elle leur inspire le mobile le plus désintéressé, le plus hautement et le plus efficacement moral, le plus noble, le plus profitable à la grandeur d'une nation.

Lorsque Montesquieu nous apprend que, (93)
dans les monarchies, on entend toujours dire trois choses (2) : *qu'il faut mettre dans les vertus une certaine noblesse, dans les mœurs une certaine franchise, dans les ma-*

(1) *Esprit des lois*, l. IV, ch. II : « De l'éducation dans les monarchies. »

(2) Ibid.

nières une certaine politesse ; on est tenté d'ajouter : Comme cela est Français !

Et en effet, nulle part l'honneur n'a accompli de plus grandes choses qu'en France ; nulle part il n'a été soutenu par autant de raison et plus de goût.

---

(94) L'ancienne monarchie française, traditionnelle et chrétienne, portait en elle ce principe élevé et fécond de l'honneur. Si elle doit reprendre possession de la France, ce que Dieu veuille, on la connaîtra encore à ce caractère ; autrement elle ne serait plus elle-même.

Son dernier représentant avait saisi toute la portée profonde du principe de l'honneur dans le gouvernement. Lui, qui affirma si fièrement et maintint si utilement, en face de la société moderne, l'idée spiritualiste de *droit*, savait à quelle condition Dieu élève les peuples et leur donne la prospérité, la puissance et la gloire. Il nous l'avait proposé en ces termes magnifiques : *La grandeur morale pour but.*

Or, la grandeur morale est une même chose que l'honneur.

Conclusion.

La France d'aujourd'hui éprouve le châ- (95)
timent des peuples qui se sont détournés de la vérité.

Le spectacle qu'elle offre ferait croire à une malédiction. Elle est en proie à la plus terrible des confusions. C'est un désaccord des esprits tel qu'il ne s'en était jamais vu de semblable. On a pensé y échapper en se jetant dans un scepticisme général et officiel qui a porté le désordre à son comble. L'égalité de toutes les opinions mise au premier rang des principes du droit public n'est que la reconnaissance de notre émiettement intellectuel et la consécration de l'anarchie. Nous sommes livrés au doute qui est la racine de l'impuissance; une direction quelconque manque à nos efforts pour réaliser l'union sociale. Aussi, la dissolution est près d'être un fait accompli. Des haines implacables et des divisions innombrables séparent les citoyens. Les débris d'un esprit public très récalcitrant à l'égalité démocratique sont en lutte avec l'aspiration universelle vers un état social conforme au relâchement général des mœurs. Puis, cette démocratie basée sur la commune foi aux jouissances et à l'argent qu'il s'agirait d'établir, chacun l'entend à sa manière suivant les appétits qu'il a à satisfaire. Déjà le travail de désagrégation est si avancé que l'unité est purement nominale, il n'y a plus en réalité que des sociétés juxtaposées, étrangères et ennemies. Le seul lien qui réunisse encore la nation est un patriotisme appuyé sur les souvenirs du passé que beaucoup pourtant voudraient renier, patriotisme sincère, mais trop vide, hélas ! et devenu presque sans fondement. D'ailleurs, la fin est inévitable et prochaine : la victoire de la matière sur l'esprit a mis la question sociale à un état si aigu que nous devons un jour ou l'autre en périr.

Dans l'attente de sa mort, c'est à peine si cette société vit. Tout en elle est usé, amoindri, défloré. Vainement on cherche dans son présent quelque noble cause qui enthousiasme ou du moins qui attache. Une seule chose ressort, c'est l'abaissement moral sans exemple dont j'ai montré les traits principaux. Au milieu de ce débordement de mauvaises mœurs privées et publiques, quiconque n'a pas l'honneur toujours présent à sa conscience est assuré d'errer honteusement dans sa conduite et de fléchir sous le poids de la démence humaine triomphante.

---

(95) La décadence paraît irrémédiable, le relèvement impossible ; car le mal est au fond des esprits, et qui peut changer le cours des idées ?

Ceux qui ressentent le glorieux tourment de l'idéal n'auraient d'autre compensation à leur souffrance que le droit stérile de s'écrier : O temps de peu d'honneur ! Il faudrait désespérer, si nous ne savions que

Dieu tient dans sa main les cœurs des hommes.

Dieu peut faire revivre la France. Et puisqu'il permet le mal afin d'en tirer le bien, souhaitons qu'il entre dans ses desseins impénétrables de préparer la restauration de notre patrie au sein de la transformation sociale actuelle, qu'il lui rende son génie chevaleresque pour accomplir sa nouvelle destinée dans la société moderne, qu'il la rappelle à la tradition de l'honneur et qu'elle suive les voies de la vérité et de la justice, attirée et guidée comme jadis par la splendeur immatérielle du beau.

TABLE DES MATIÈRES

B. — *L'opinion.*

1. — *Nature et rôle de l'opinion.*

2. — *Rôle funeste de l'opinion vis-à-vis de l'honneur.*

Pages.

§ I. — LE POSITIVISME.

Pages.

§ II. — LE LIBÉRALISME.

Pages.

3. — *La tolérance.*

4. — *La légalité.*

L'honneur de la monarchie traditionnelle.

POITIERS. — TYPOGRAPHIE OUDIN.

www.ingramcontent.com/pod-product-compliance
Ingram Content Group UK Ltd.
Pitfield, Milton Keynes, MK11 3LW, UK
UKHW021051230726
13926UKWH00004B/1773

9 782016 173589